经管研究系列丛书

国家自然科学基金青年项目：人口结构与收入来源视角下的中国居民收入不平等变动研究（项目号：71703188）
中央高校基本科研业务费专项资金资助

中国居民收入分配变动趋势与关键政策研究

Changes and Key Policies of Income Distribution in China

蔡萌◎著

中国商务出版社
CHINA COMMERCE AND TRADE PRESS

图书在版编目（CIP）数据

中国居民收入分配变动趋势与关键政策研究 / 蔡萌著. —北京：中国商务出版社，2021.6（2023.1重印）
ISBN 978-7-5103-3817-5

Ⅰ.①中⋯ Ⅱ.①蔡⋯ Ⅲ.①国民收入分配—不平衡—研究—中国 Ⅳ.①F124.7

中国版本图书馆 CIP 数据核字（2021）第 102935 号

中国居民收入分配变动趋势与关键政策研究
Changes and Key Policies of Income Distribution in China

蔡　萌　著

出　　　版：	中国商务出版社
地　　　址：	北京市东城区安定门外大街东后巷 28 号　　邮　　编：100710
责任部门：	国际经济与贸易事业部（010-64269744　bjys@cctpress.com）
责任编辑：	周水琴
特约编辑：	李焕华
总　发　行：	中国商务出版社发行部（010-64266119　64515150）
网购零售：	中国商务出版社淘宝店（010-64269744）
网　　　址：	http://www.cctpress.com
邮　　　箱：	cctp@cctpress.com
排　　　版：	翟艳玲
印　　　刷：	三河市明华印务有限公司
开　　　本：	787 毫米×1092 毫米　1/16
印　　　张：	14.25　　　　　　　　　　　字　　数：232 千字
版　　　次：	2021 年 6 月第 1 版　　　　　印　　次：2023 年 1 月第 2 次印刷
书　　　号：	ISBN 978-7-5103-3817-5
定　　　价：	65.00 元

凡所购本版图书有印装质量问题，请与本社总编室联系。（电话：010-64212247）

版权所有　　盗版必究（盗版侵权举报可发邮件到本社邮箱：cctp@cctpress.com）

摘 要
Abstract

随着经济体制改革的推进，人们对收入分配的关注和讨论日益增加。一般而言，公众和学界多认为收入不平等是普遍存在且不断扩大的。然而，国家统计局的官方统计数据显示，我国居民收入不平等程度近六年来持续降低。这与公众的感知和以往的研究结论大相径庭。那么，1988—2013 年，中国的收入差距变动趋势如何？近年来，中国的居民收入差距真的缩小了吗？如果收入差距缩小，原因何在？这些都是本书要研究的问题。基于 CHIP1988、CHIP1995、CHIP2002、CHIP2007、CHIP2013（CHIP，China Household Income Project，中国家庭收入调查）五轮调查跨度近 30 年的住户数据，本书采用按人群组、收入来源分解不平等指数及其变化方法，测算了中国居民收入不平等的变化趋势，并从人口结构和收入结构两方面分析了收入不平等发生变化的原因。

本书各章的研究内容和主要结论如下：

第 1 章为导言，主要介绍了本书的研究背景、研究的具体问题、研究思路、研究方法以及贡献与不足之处。

第 2 章为文献综述，首先介绍了李嘉图、马克思、库兹涅茨、皮凯蒂等人关于收入不平等变化的几个比较重要的理论解释，并分析了皮凯蒂的收入分配理论与前人理论之间的联系和区别；接着综述了主要的收入不平等指数的分解方法和相关实证研究。

第 3 章首先介绍了本书所采用的 1988—2013 年中国家庭收入调查数据的简要概况，包括数据来源、抽样方法、样本量、覆盖范围等内容；接着介绍了本书使用的分项收入等相关定义。

第 4 章介绍了权重构建情况，主要从权重类型、所需的数据准备以及构建方法展开具体介绍，并采用不同的权重计算了人均可支配收入水平及基尼系数，以考察权重对收入不平等的影响。

第 5 章考察了我国 1988—2013 年居民收入水平及收入不平等的整体状况和变化趋势。研究发现，25 年间，我国居民人均可支配收入显著增长，且高收入人群收入的增长幅度明显高于低收入人群，收入越高的人群，其收入的增长幅度也越大。1988—2007 年，我国人均可支配收入差距呈扩大趋势，但 2007—2013 年，收入不平等指标出现了下降。这种收入不平等先上升后下降的趋势与国家统计局公布的收入分配变化信息一致。城镇居民的收入水平明显高于农村居民，流动人口收入介于二者之间。25 年间，城镇、农村居民人均可支配收入均实现了较大幅度的增长，但城镇居民的收入增长速度快于农村居民。1988—2013 年，我国城镇、农村内部的收入差距呈不断扩大的趋势，城乡收入差距以 2007 年为界出现了先扩大后缩小的现象。考察三大地区（东、中、西部）居民的人均可支配收入水平及收入不平等指数，研究发现，东部地区居民的收入水平最高，中、西部地区次之，且 25 年间，东、中、西部人均可支配收入均实现了较大幅度的增长。以 2007 年为界，我国地区之间的收入差距由扩大转为缩小。1988—2007 年，中、西部内部的收入差距一直呈不断扩大的状态。2007—2013 年，东、中、西部地区的收入不平等都出现了下降。

采用按人群组分解一般熵指数（Entropy Index，简称 E 指数，也有人称为因托比指数）及其变化的方法，本章将全国居民收入不平等及其变化按城乡、地区、年龄、受教育程度进行了分解。研究发现，1988—2007 年，全国整体不平等程度的加深主要是由城乡之间不平等扩大造成的，而 2007—2013 年城乡收入差距开始缩小，且缩小程度高于城乡内部收入差距的扩大程度，从而导致了 2007—2013 年全国整体收入不平等问题的缓解。城乡之间的人口比重变动对城乡收入差距变动的作用方向是先扩大后缩小的，这一点符合库兹涅茨假说中的解释。但 2007—2013 年全国不平等程度下降的主要原因并不是人口比重的变化，而是除人口比重变动因素外的城乡之间收入差距的缩小。这意味着全国收入分配状况的改善原因在于农村居民收入的增加、城乡收入比的下降。可见，库兹涅茨假说可以解释我国长期收入不平等变化的部分原因，我国居民收入差距的变化还有其特殊原因。

与按城乡分组的分解结果相似，1988—2013年我国地区之间的收入差距也以2007年为转折点呈现先扩大后降低的趋势。地区内部的收入不平等程度也表现出从1988—2007年逐渐加深、2007—2013年逐步缓和的趋势。单一年份全国居民收入不平等的主要贡献来源是三大地区内部的收入不平等，而非地区之间的收入差距。2007—2013年地区内部收入差距的缩小是全国整体收入分配状况改善的主要原因。地区之间的人口迁移对全国整体收入不平等变化的作用并不大。考察各年龄组人群的平均收入和组内不平等程度，研究发现，收入水平随着年龄的增长而升高，达到50~59岁的"巅峰"时期后开始下降。我国各年龄组内部的收入不平等程度明显高于年龄组之间的收入不平等程度。单一年份全国居民收入不平等的主要来源是各年龄组内部的收入不平等，而非各年龄段人群之间的收入不平等。2007—2013年，各年龄组内部收入差距的缩小是全国整体收入不平等程度降低的主要原因。按教育程度分组的分解结果显示，人们的收入水平随着受教育程度的升高而不断升高。单一年份全国居民收入不平等的主要来源是各教育水平人群内部的收入不平等。2007—2013年，我国各教育水平组内部的收入差距出现了比较明显的降低趋势，并导致全国整体收入不平等指数的降低。各教育水平组内部收入差距的缩小是全国整体收入不平等程度降低的主要原因。

第6章采用按收入来源分解基尼系数及其变化的方法考察不同收入来源的再分配效应，其中尤其关注转移性收入对收入不平等的影响。研究发现，工资性收入为我国居民总收入不平等的最大贡献者，但其在加剧居民收入不平等方面的作用在逐渐减弱。在四项收入来源中，分配最不平等的当属财产净收入，但由于财产净收入在总收入中所占比重较低，其对基尼系数的贡献度和边际效应远低于工资性收入。相比于2002年和2007年，2013年转移性收入的份额有所上升，并且其从总收入差距的扩大项转变为缩小项，转移性收入再分配效应的增强是居民收入不平等程度降低的重要原因。从全国来看，2002—2013年，政府转移性收入的集中率出现了不断缩小的趋势，但依然高于全国居民总收入的基尼系数，这意味着退休金、低保等转移性支出政策具有恶化居民收入分配的作用。政府的转移性收入规模明显高于非政府转移性收入规模，这导致了其对基尼系数的贡献率高于非政府转移性收入。2013年，农村居民的政府转移性收入规模加大，且有改善农村内部收入不平等的作用。2002—2013年，城镇居民的转移性收入一直是城镇内部收入差距的缩小项。城镇居民转移性收入具有改善城镇内部收入不平等的作用，且这种改善作用主要来自政府转移性收入。

考察不同转移性收入对收入差距的影响，研究发现，养老金或离退休金是总收入不平等的最大贡献者，其对收入差距起到了很强的扩大作用。退休金投入规模的扩大将使我国居民收入分配面临更加严重的不平等。在各项转移性收入中，对收入分配起较强均等化作用的是最低生活保障收入。但低保收入在总收入中的份额非常低，这削弱了其对收入分配的改善作用。此外，退耕还林补贴、粮食直接补贴也具有较为明显的收入分配均等化作用，但由于二者在总收入中占比较低，它们对基尼系数的影响并不明显。2002—2007年，我国居民收入不平等程度扩大的最大贡献者是工资性收入份额的上升。在转移性收入中，养老金是扩大收入不平等的主要来源。2007—2013年，我国居民收入分配改善的最主要原因是工资性收入集中率和收入份额的双重下降。在此期间，财产净收入因其集中率和收入份额的提高而起到了扩大收入差距的作用。2007—2013年，养老金的集中率有所下降，但收入份额继续上升，其仍然是使基尼系数扩大的收入来源。

第7章采用中国家庭收入调查住户数据，计算出我国居民市场收入基尼系数与可支配收入基尼系数，并同发达国家比较，借此探讨目前我国居民收入不平等是由市场力量造成的，还是政府收入再分配政策力度不足的结果。研究发现，我国居民收入不平等显著高于发达国家的主要原因是，我国政府收入再分配政策（尤其是转移性支付）的调节力度不足，而在由市场因素决定的收入差距上，我国和发达国家之间差距并不大。因此，加大转移性支付力度是缓解和改善目前我国居民收入不平等的主要途径。

第8章总结了本书的主要研究成果。

关键词：收入不平等；不平等指数分解；人口结构；收入结构

目录 Contents

第 1 章
导　言

- **1.1** 研究背景与主题　3
- **1.2** 研究思路与结构安排　5
- **1.3** 研究方法　7
- **1.4** 增量贡献与不足之处　7

第 2 章
文献综述

- **2.1** 收入不平等变化的理论解释　11
  - 2.1.1 李嘉图的资源稀缺法则　11
  - 2.1.2 马克思的资本积累理论　12
  - 2.1.3 库兹涅茨的倒 U 形假说　16
  - 2.1.4 皮凯蒂的《21 世纪资本论》　22
  - 2.1.5 小结　31
- **2.2** 收入不平等及其变动的实证研究综述　32
  - 2.2.1 基于人口结构的收入不平等研究　32
  - 2.2.2 基于收入来源的收入不平等研究　35

第 3 章
数据与定义

3.1 数据来源　41
3.2 相关定义　45
　　3.2.1　收入定义　45
　　3.2.2　其他定义　53

第 4 章
权重构建

4.1 需要什么样的权重？　57
4.2 哪些数据可用于构建权重变量？　58
　　4.2.1　城镇、农村常住人口数据　59
　　4.2.2　流动人口的规模　59
　　4.2.3　流动人口的地区构成　68
4.3 几种可供选择的权重　69
4.4 权重构建方法　75
　　4.4.1　运用以个人为观测值的样本构建个人层面研究所需的户籍加地区权重　75
　　4.4.2　运用以户为观测值的样本构建个人层面研究所需的户籍加地区权重　77
　　4.4.3　运用个人样本构建个人层面研究所需的户籍加地区加省份权重　78
　　4.4.4　住户权重变量的生成方法　79
　　4.4.5　计算程序中以个人为单位分析的权重构建步骤　80
4.5 居民收入水平与基尼系数的估计值：权重的影响有多大？　80

第5章
收入不平等变化的原因：人口结构的分析

    5.1 居民收入水平及收入差距的变化 91
        5.1.1 全国整体的收入差距 91
        5.1.2 城乡之间的收入差距 95
        5.1.3 地区之间的收入差距 100
    5.2 研究方法 104
        5.2.1 按人群组分解不平等指数的方法 104
        5.2.2 按人群组分解不平等指数变化的方法 105
    5.3 居民收入不平等变化的原因分解及分解结果 109
        5.3.1 收入不平等变化的城乡分解 109
        5.3.2 收入不平等变化的地区分解 112
        5.3.3 按年龄分组的分解结果 115
        5.3.4 按受教育程度分组的分解结果 118

第6章
收入不平等变化的原因：收入结构的分析

    6.1 引言 125
    6.2 我国主要的再分配政策概览 127
    6.3 分解方法与含义解释 129
        6.3.1 按收入来源分解基尼系数法 129
        6.3.2 基尼系数变化的分解方法 131
    6.4 转移性收入的再分配效应估算结果 132
        6.4.1 基本描述 132
        6.4.2 分项收入来源的再分配效应 135
        6.4.3 分项转移性收入的再分配效应 139

6.5　进一步讨论：不同再分配效应测算方法的矛盾与解释　146
　　6.6　中国社会保障支出的收入分配效应　149
　　　　6.6.1　社会保障对收入分配意义重大　149
　　　　6.6.2　我国社会保障支出的规模　152
　　　　6.6.3　数据和实证方法　157
　　　　6.6.4　实证结果及分析　157
　　　　6.6.5　主要结论与政策建议　165

第7章
缩小居民收入差距：市场因素和政府政策哪个更重要？

　　7.1　收入差距与政府政策　169
　　7.2　收入差距的产生机制和政策再分配效应的研究方法　169
　　7.3　收入再分配政策力度不足是我国居民收入不平等的主要原因　171
　　7.4　结论和预测：财政政策的调整与我国居民收入不平等改善的希望　185

第8章
主要结论

附　录　193
参考文献　210

第1章 导言

1.1 研究背景与主题

中国居民收入分配状况的变动趋势如何？历史和现实抛给了我们一个不那么容易诠释可又忍不住要追问的重要命题。随着经济体制改革的推进，人们对收入分配的关注和讨论日益增加。一般而言，公众多认为收入不平等是普遍存在且不断扩大的[①]。也有学者发现，我国的收入不平等程度在不断提高（Khan 和 Riskin，1998；Gustafsson 和 Li，2001；Yang，1999；Li，2000；Meng，2003；Li 和 Sicular，2014）。然而，官方统计数据却与公众的感受及学者的研究不尽相同。2015 年 1 月 20 日，国家统计局公布的数据显示，2014 年我国居民可支配收入基尼系数为 0.469[②]，低于 2013 年的 0.473，是 2003 年以来（截至 2014 年）的最低值。至此，我国的基尼系数实现了自 2009 年以来（截至 2014 年）的连续六年持续降低。这意味着我国居民收入差距正在逐年缩小。与此同时，农村居民人均可支配收入实际增长率为 9.2%，已连续五年超过城市居民，城乡居民收入差距也呈逐渐缩小的趋势。那么，1988—2013 年，中国居民的收入差距变化趋势如何？如果收入差距缩小，原因何在？这是本书想要研究的问题。

在展开本书的研究前，我们首先要厘清收入不平等和收入不公平的概念。收入不平等（或收入差距大）和收入不公平是当前中国居民收入分配面临的两个主要问题。收入差距指的是个人或家庭之间在收入水平上的差距，从业人员的教育水平高低、能力强弱、年龄、性别、家庭背景等个人和家庭因素，以及个人所得税和社会保障等政府的收入再分配政策是居民收入差距的主要决定因素。2014 年，国家统计局公布的数据显示，我国城乡居民人均可支配收入的基尼系数在 0.47 左右，与其他国家比较可知，这一水平的基尼系数或居民收入差距超过世界 80%~85% 的国家，它不仅高

---

① 中国青年报调查中心所做的民意调查显示（2012 年 11 月 20 日，07 版），94% 的受访民众认为当下社会整体收入差距大，其中 65% 的人感觉收入差距"非常大"。

② 国家统计局："2014 年国民经济在新常态下平稳运行"。

于所有的发达国家，同时也高于许多发展中国家。与收入差距不同，收入公平与否指的是收入来源或人们取得收入的过程是否公平。当前的中国社会，仍存在收入不公平的现象。收入不公平中最显著的例子是腐败，次显著的例子为垄断行业高收入（岳希明等，2010；岳希明、蔡萌，2015）。常为公众忽视的、导致居民收入不公的因素有教育和就业机会不平等、城镇公共服务对外来人口的歧视、累退性的税制、偏向城镇居民的财政支出等。目前，中国居民的收入差距和收入不公平是密不可分、紧密联系的。其中，收入不公平导致收入差距是二者之间关系的主要表现。尽管如此，在问题的性质、形成原因、社会后果以及治理的方法和难易程度上，目前中国居民的收入差距和收入不公平截然不同，把二者区分开来分析，对厘清和理解当前复杂的收入分配问题是有帮助的。本书的研究对象是收入差距，即讨论中国居民收入差距较大的成因（蔡萌、岳希明，2016）。

一种对我国居民收入不平等程度下降的可能解释是库兹涅茨假说。库兹涅茨曲线描述了收入不平等和经济发展之间的动态关系，即在经济发展的前期阶段，收入不平等将不断扩大，然后会出现一段时期的稳定，之后随着工业化、城镇化的不断发展，不平等程度会逐步降低。库兹涅茨（1955）对此的解释是，在工业化、城镇化的初期阶段，只有少数人从贫穷的农村转移到富裕的城镇地区，进而获得城镇地区的高收入，不平等程度因此上升；但劳动力会不断自发地从低收入地区向高收入地区转移，最终越来越多的人将在高收入地区站稳脚跟，并从经济发展中获益，不平等状况随之得到缓解。据此，从农村到城镇的劳动力迁移可能是导致不平等下降的原因之一。那么，库兹涅茨假说可以解释我国1988—2013年居民收入不平等的变化趋势吗？为探究这一问题，本书将通过对不平等指数的变化按城乡、地区等人口结构因素分组分解的方式具体测算出人口迁移[①]对不平等变化的贡献。

另一种对我国居民收入不平等程度下降的可能解释是政府的再分配政策。例如，居住支出是所有家庭最基本的消费支出，政府为低收入家庭提

---

① 本书的人口迁移不仅指狭义上的人口在城乡、地区间的地理意义上的迁移，也指不同组别（年龄分组、教育分组）之间的人口比重变化。

供的保障房服务在改善这些家庭居住条件的同时,也能够减少他们用于住房的自有支出,使他们将更多的购买力用于其他商品和服务的消费上。保障房这项基本公共服务的受惠人群主要为低收入家庭,因此它将缩小居民收入差距,缓解目前我国居民收入高度不平等的局面。与保障房类似,教育、医疗等基本公共服务同样具有明显的收入分配效应(蔡萌、岳希明,2016)。那么,我国政府的再分配政策是如何影响居民收入不平等的呢?本书将通过按收入来源分解基尼系数的方法研究这一问题。

本书要实现的研究目的有两个:一是测算中国居民收入不平等的变化趋势,二是探究收入不平等发生变化的原因,后者是本书研究的重中之重。我国居民收入不平等长期变化的原因多样而复杂,很难实现对该问题面面俱到的分析。因此,本书拟从人口结构(城乡、地区、教育水平、年龄结构)和收入结构(尤其是转移性收入)两个角度展开研究,以期对我国居民收入不平等变化的原因形成合理的解释。

1.2 研究思路与结构安排

本书的研究思路是:首先,对收入不平等变化的几种标志性理论进行比较分析,梳理不同理论之间的区别与联系,以从理论上寻找收入不平等变化的可能原因。其次,本书通过对多种不平等指数的计算来考察我国1988—2013年居民收入不平等的变化趋势,以判断这25年间我国居民的收入差距是否真的出现了先扩大后缩小的现象。最后,本书通过按人群组分解一般熵指数及其变化方法和按收入来源分解基尼系数及其变化方法,从人口结构和收入结构两个角度考察单一年份形成我国居民收入不平等的主要力量和不同年份之间收入不平等程度变化的具体原因。

本书结构安排如下:

第1章为导言,主要介绍本书的研究背景、研究的具体问题、研究思路、研究方法以及贡献与不足之处。

第2章为文献综述,首先介绍了关于收入不平等变化的几种比较重要的理论解释，并分析了皮凯蒂的收入分配理论与前人理论之间的联系和区别；接着综述了主要的收入不平等指数的分解方法和相关实证研究。

第 3 章介绍了本书的资料来源、抽样方法、相关定义。通过本章，读者可以从样本量及覆盖范围等方面了解到 1988—2013 年中国家庭收入调查数据的简要概况。

第 4 章介绍了权重构建情况，主要从权重类型、所需的数据准备以及构建方法展开具体介绍，并采用不同的权重计算了人均可支配收入水平及基尼系数，以考察权重对收入不平等分析的影响。

第 5 章对我国 1988—2013 年居民收入水平及收入不平等的整体状况和变化趋势做了概要的描述和分析，为分析收入不平等变化的原因做铺垫；接着分城镇、农村、流动人口/东部、中部、西部三大地区展开进一步的分析。

第 6 章从人口结构的角度研究了我国居民收入不平等及其变化的形成原因：首先介绍了按人群组分解不平等指数及其变化的研究方法，然后将样本人口按照城镇/农村、东部/中部/西部、年龄段、教育程度分组，进而通过分解方法，研究我国 1988—2013 年居民收入不平等的变动是由各人群组内部收入不平等程度的改变、人群组之间收入差距的变化导致的，还是由人群组人口结构变动导致的。

第 7 章从收入结构的角度研究了我国居民收入不平等及其变化的形成原因：首先梳理了我国政府的收入再分配政策，为后文做政策背景的铺垫；之后介绍了按收入来源分解基尼系数及其变化的方法；最后把考察对象限定在养老金或离退休金、低保等转移性财政支出上，通过对不平等指数的计算和分解来考察以转移性支出为代表的再分配政策对我国居民收入不平等的影响。

第 8 章对本书的主要发现进行了总结。

1.3 研究方法

本书使用的研究方法主要为不平等指数及其变化的分解方法。不平等指数分解法有助于我们层层分析居民收入不平等及其变化趋势的形成原因。从人口结构的角度，我们将样本人口按城乡（城镇人口中区分流动人口）、地区（东部、中部、西部）、年龄、教育程度等人口结构性特征分组，进而将收入不平等衡量指标（如泰尔指数、平均对数离差）分解为由组间不平等带来的部分和组内不平等带来的部分。更进一步，我们使用收入不平等指数变化的分解方法，将1988—2013年我国居民收入不平等的变化量分解为由组间不平等的变化决定的部分、由组内不平等的变化决定的部分以及由各组人口比重的变化决定的部分。按人群组分解不平等方法可以使我们了解单一年份收入不平等程度的决定因素，而按收入来源分解不平等方法可以帮助我们判断某时间范围内居民收入不平等变化的原因。从收入结构的角度，我们将居民总收入分解为工资性收入、经营净收入、财产净收入、转移性收入四大来源，并按收入来源对单一年份的基尼系数进行分解。使用该分解方法可以判断出某项收入来源的集中率（即对整体收入差距的作用方向）、收入份额以及边际效应。此外，我们还对某段时期内的基尼系数变化趋势按收入来源分解，以分析某段时期内居民收入基尼系数的变化中由分项收入集中率引起的部分和由收入份额引起的部分。

1.4 增量贡献与不足之处

虽然研究我国收入差距变动的相关文献并不少，但由于缺少长期、可靠的收入数据，鲜有文献对我国收入分配的长期趋势展开研究。此外，现有研究往往很难解释我国近几年的收入分配状况：一方面，由于收入数据的调查要花费大量人力、物力，能够将数据更新到近期的研究比较少；另一方面，以往研究对收入分配变化的解释大多建立在我国收入差距日益扩大的判断之上，面对国家统计局公布的收入差距逐年缩小的新情况，验证我国收入不平等程度是否真的在下降并找出下降的原因就成了亟待解决的新问题。得益于中国家庭收入调查2013年的最新调研成果，本书得以建立我国居民从1988—2013年的长期混合截面数据，这份跨越近30年的长期数据使得我们对中国收入不平等的长期变动趋势与变动原因的研究成为可能。

　　本书使用的数据来自五轮中国家庭收入调查。其中1988年、1995年、2002年、2007年的调查样本分别来自国家统计局城镇、农村住户调查。而从2013年起，国家统计局实施了城乡住户统一调查，本次城乡统一调查与以往城乡分别调查的差别之一在于，统一调查在抽样上选取了许多城乡接合部的家庭。该类家庭在收入上大多低于城镇居民而高于农村居民，属于中等收入人群。这类家庭样本量的增加会降低样本整体的收入不平等程度，从而可能降低2013年我国不平等指数的估值。

第2章 文献综述

2.1 收入不平等变化的理论解释

2014年初,法国经济学家托马斯·皮凯蒂的《21世纪资本论》英文版面世。随着该书的风靡,经济学界又掀起了一股对收入分配的讨论热潮。在过去的三百年中,全球的收入不平等程度是如何变化的?人类社会未来的收入分配状况将持续恶化还是逐步改善?富人会日益富有,穷人会日益贫穷吗?这些关于收入分配的问题又一次成为人们探讨的焦点。其实早在皮凯蒂之前,许多经济学家都对这些问题进行了讨论。马克思认为,随着私人资本的不断积累,财富会不可避免地积聚在少数人手中,资本主义经济的发展将会造成更加严重的收入分配不公。然而,库兹涅茨却提出了收入分配与经济增长关系的倒U形假说,认为随着经济的增长和技术的进步,收入不平等程度将逐渐下降,贫富矛盾进而得到缓和。对我们来说,收入分配的许多研究结论尚停留在孤立、分散、互不相干、有时甚至相互矛盾的状态,因此需要进一步阅读文献和思考。本章对李嘉图的资源稀缺法则、马克思的资本积累理论和库兹涅茨的倒U形假说进行了梳理,并对皮凯蒂《21世纪资本论》的理论机理与主要观点进行了总结,同时对关于收入不平等变化的几种标志性理论进行比较分析,进一步发现不同理论之间的区别与联系。

2.1.1 李嘉图的资源稀缺法则

面对18世纪末到19世纪初期欧洲社会经历的巨大变革,当时的许多经济学家都对收入分配的长期发展持悲观态度,尤其是李嘉图和马克思。他们都认为未来的社会财富会不断地积聚到少数人手中。① 李嘉图关注的是土地价格和土地租金的长期变化趋势。他认为,如果人口和产出持续增

---

① 李嘉图认为,社会财富会越来越集中到地主手中,而马克思认为未来掌握绝大多数社会财富的少数阶层是工业资本家。

长，土地无疑会变成稀缺性资源，在供求机制的作用下，土地价格和地租必将不断上涨。这样一来，土地所有者占有的国民收入份额上升，其他群体收入份额下降，收入不平等问题将日益严重。而这一问题的解决途径在于增加对地租的课税（李嘉图，1962）。但事实上，土地价格并没有像李嘉图预言的那样持续上涨，而是随着农业收入份额的下降而降低了。李嘉图没有预料到的是，由于科技的进步和工业化的发展，人类会逐渐从土地的束缚中解放出来，长期来看，土地的重要性远没有李嘉图发表资源稀缺理论时那样大。

皮凯蒂（2014）认为，在21世纪的今天，我们依然不能忽视李嘉图提出的资源稀缺理论。只不过，当今的稀缺资源不再是李嘉图强调的农业用地，而可能变成了经济发达城市的房地产或者石油资源。在供给需求机制的作用下，稀缺商品由于供给量少而价格变高，但过高的价格又会引起人们对该商品需求的降低，商品价格最终会下降。但对当今的稀缺资源来讲，这一过程往往会经历相当长的时间，可能是几十年甚至更长。并且，由某些资源相对价格上涨而导致的收入不平等状况也不会因供给和需求机制的作用而发生改变。

2.1.2 马克思的资本积累理论

1. 资本积累理论的提出

在马克思所处的时代，工人阶级的境遇非常悲惨。尽管工业革命带来了经济的快速发展，但工业利润的大幅度增加并没有带来工人生活状况的改善。财富迅速集中到资本家手中，收入分配不平等问题极为突出。马克思面临的已不再是困扰李嘉图的农业产量不足或土地价格飞涨等问题，而是资本主义制度到底将如何发展。

马克思将研究的重点放在了资本主义体系的内部逻辑矛盾上。他以李嘉图资本价格模型和资源稀缺理论为基础，对资本主义制度的动态变化展开了全面分析。在《资本论》第一卷第七篇，马克思阐释了资本积累的基本原理。他要回答的主要问题是：在资本主义社会创造出巨大财富的人究竟是谁？又是谁将这些财富据为己有？财富积累的机制和规律是怎样的？

马克思认为，资本主义生产不是孤立的，而是资本连续运动的过程。以生产规模的变化为标准，资本主义再生产可分为简单再生产和扩大再生产，前者是指规模始终不变的再生产，后者是指规模不断扩大的再生产。在资本主义条件下，扩大再生产主要通过资本积累来实现。资本的积累过程实际上就是再生产规模的扩大过程。马克思（2004）认为，资本积累就是把剩余价值当作资本使用，或者说把剩余价值再转化为资本。可见，剩余价值的资本化就是资本积累。

2. 资本积累的理论机理

（1）资本积累的过程。图2-1展示了资本运动的一般过程。资本运动的第一阶段是购买阶段G—W。资本家首先以购买者的身份出现在市场上，用原始资本购买生产所需的生产资料和劳动力。

$$G—W \begin{matrix} A \\ P_m \end{matrix} \cdots P \cdots W' \begin{matrix} W（旧资本）—G—W \cdots P \cdots W' \\ \Delta W_1（剩余价值）—\Delta G_1（新资本）—W_1 \cdots P_1 \cdots W_1' \end{matrix} \begin{matrix} W_1—G_1 \\ \Delta W_2—\Delta G_2 \end{matrix}$$

图2-1 资本积累的过程

这里 G 代表原始资本，W 代表商品，A 表示劳动力，P_m 表示生产资料。资本运动的第二阶段是生产阶段 $W \cdots P \cdots W'$。在这一阶段，资本家让工人运用生产资料生产出可在市场上出售的商品。其中 P 表示生产过程，W' 代表包含剩余价值的商品，虚线表示流通过程的中断。这里的生产资料 P_m 和劳动力 A 起着生产剩余价值的作用，它们不仅执行着一般的生产职能，还执行着资本的职能，因此也叫作生产资本。销售阶段 $W'—G'$ 是产业资本运动的第三阶段。在这一过程中，资本家在市场中以商品售卖者的身份出现，并将包含着剩余价值的商品售卖出去，G' 代表增值了的货币。这里的商品执行着收回投资并实现剩余价值的职能，也叫作商品资本。为了再生产的进行，在收回的货币额中，资本家必须确保相当于原始预付资本的部分，并用其追加新的生产资料和劳动力，这一过程就是旧资本的维持和再生产。而由剩余价值转化而来的货币就会面临一个岔路口的选择，即是被资本家纳入个人囊中消费掉，还是作为新资本被积累下来。如果资本家将剩余价值全部用于个人消费，那么就只能维持原有的生产规模，这种情形指的是简单再生产。而资本积累指的是资本家将剩余价值作为追加资本投入到新一轮的生产中，从而完成规模扩大的再生产。这样从原始资本 G 中诞生的新资本 ΔG_1 开始了新一轮资本运动过程，然后又以同样的方式生出下一期新资本 ΔG_2，当然此时原始资本 G 和 ΔG_1 并没有消失，而是同时存在。这样，追加的资本带来新的剩余价值，新的剩余价值又转化为追加的资本，如此循环往复，资本便呈现出滚雪球似的累进式增长。资本家积累得越多就越容易获取更多的剩余价值，从而积累更多，财富终将不断地聚集到资本家手中。由此我们可以看出，资本主义积累的秘密，即资本家通过占有他人的无酬劳动来获取更多的无酬劳动，并且占有得越多就越能占有。

（2）资本积累量的影响因素。前文解释了资本积累的一般过程，那么，资本积累的多少又受哪些因素的影响呢？在剩余价值量一定的情况下，积累的多少取决于剩余价值在资本家个人消费与资本积累之间的划分比例。虽然将多少剩余价值用于消费、多少用于积累取决于资本家的个人意志，但马克思认为，资本积累是资本家在资本主义制度下的一种必然行为。首先，资本主义生产的主要目的就是实现剩余价值。资本家的致富欲望是无止境的。为了价值不断增值，资本家必然会将剩余价值重新投入再生产中。其次，竞争作为资本主义生产方式的内在规律，支配着每一个资本家，迫使无法扩大投资并提高劳动生产力的企业逐渐从市场中淘汰出局。为了在竞争中获得生存和发展，资本家不得不继续积累，进行扩大再生产。杨瑞龙（2003）认为，不断进行资本积累和扩大再生产是资本主义生产方式的不可抑制的内在冲动。胡钧（2012）认为，只有积累才能扩大资本，只有扩大资本才能维持资本，这是积累无限增长的趋势。此外，积累的多少还受资本家对劳动力的剥削程度和社会劳动生产力水平的影响：一方面，资本家通过压低工资、提高工作强度、延长劳动时间等方式增加工人的劳动量，从而不断加深对工人剩余价值的剥削程度；另一方面，社会劳动生产力的提高将使必要劳动时间缩短而剩余劳动时间延长，这也会促进剩余价值的增加。总之，加大对工人的剥削程度和提高劳动生产力都有利于增加剩余价值，进而增加积累量。

（3）资本积累的结果。资本积累的结果之一是提高劳动生产率和资本有机构成①。劳动生产率的提高是以大规模的分工、协作为前提的，而大规模的分工、协作只有通过单个资本的不断增大才能实现。在资本主义生产方式下，单个资本的增大是通过资本积聚和资本集中实现的。前者指个别资本通过自身积累而实现生产规模的扩大；后者指许多小资本在竞争中被大资本吞并，或者通过信用的方式结合成大资本，是资本的组合。资本集中补充了积累的作用，使资本家突破财富的绝对界限，迅速扩大经营规模。而经营规模的扩大对于专业化的分工、协作、新技术的使用以及劳动生产率的提高，都有促进作用。不断提高的劳动生产率使资本家用较少的劳动投入生产出更多的产品，具体表现为劳动力数量比它所推动的生产资料数量相对减少，资本技术构成提高。这将使资本价值构成中的不变部分相对增加、可变部分相对减少，从而提高资本的有机构成。

图2-2描述了资本积累的一般规律。资本的积聚和集中使资本的有机构成提高，从而降低了可变资本在社会总资本中的比重。对劳动力的需求是由可变资本的多少决定的，可变资本比重的降低相对减少了劳动力的需求量。虽然随着资本积累的不断深化，劳动力的绝对数量会增加，但相对于资本增值来说就越来越少了。资本积累的深化会将越来越多的劳动者排斥到生产过程之外，成为相对过剩人口，即由资本主义制度造成的相对于资本增值需要而言的过剩人口。相对过剩人口形成的结果是产业后备军的产生，这部分人口不仅是可供资本家使用的、充足的劳动力储备，而且对在岗工人的就业和工资水平施加了巨大压力，从而加剧了劳动力市场的竞争。在资本需要大量劳动力时，产业后备军的存在使在岗工人不能提出过高的工资要求；在资本排斥劳动力时，产业后备军又对就业工人形成压力，迫使他们忍受更低的工资和过度劳动。

因此，资本积累导致了两方面结果：一方面是财富的积累，另一方面

---

① 资本有机构成包含两个方面：从价值形态看，是不变资本（生产资料价值）c与可变资本（劳动力价值）v的比例关系；从物质形态看，就是生产资料与劳动力数量之间的比例关系。前者称作资本的价值构成，后者称作资本的技术构成。马克思把由资本技术构成决定并且反映技术构成变化的价值构成叫作资本的有机构成，用不变资本与可变资本的比值（$c:v$）来表示。资本价值构成的变化不一定反映技术构成的变化。例如，工人工资上涨导致可变资本增加，资本价值构成发生变化，但技术构成并未改变。资本有机构成不考虑这种情况，它只反映由技术构成变化导致的价值构成。

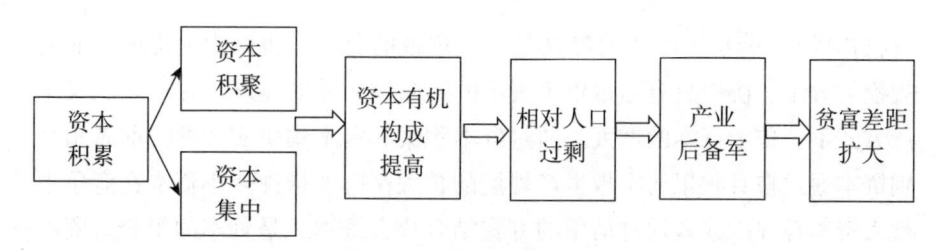

资本积累 → 资本积聚 / 资本集中 → 资本有机构成提高 → 相对人口过剩 → 产业后备军 → 贫富差距扩大

图 2-2 资本积累的规律

是贫困的积累。用于积累的资本越多,资本的增长规模和能力就越大,常备的过剩人口也就越多。马克思(2004)认为,工人阶级中贫困阶层和产业后备军越大,官方认为需要救济的贫民也就越多。这就是资本积累绝对的、一般的规律。贫富差距的逐步扩大是资本积累的必然后果。

2.1.3 库兹涅茨的倒 U 形假说

1. 倒 U 形假说的含义

按照马克思的预测,资本主义的发展将导致更加严重的收入不平等,并引发各种社会矛盾,资本主义制度终将走向灭亡。但库兹涅茨提出,人类收入的不平等将在资本主义发展的高级阶段自动下降,并最终稳定在人们可以接受的范围内。

库兹涅茨在1953年发表的重要论文《高收入阶层在收入和储蓄中占有的份额》中首次使用了美国1913—1948年的所得税数据和国民收入数据,并对美国各个收入阶层所占的国民收入份额及其变化进行测算。他发现,1913—1948年美国的收入不平等状况有了明显的改善,尤其是美国收入最高10%的人群在美国国民总收入中所占份额从最初的45%~50%下降到了20世纪40年代的30%~35%。在论文《经济增长与收入不平等》中,库兹涅茨通过对美国、英国、德国家庭税前年收入数据的研究发现,这些发达国家的收入分配越来越趋于公平,不平等程度在降低,并且这种趋势在第一次世界大战前就开始显现,到20世纪20年代最明显。具体来说,在美国,最贫穷40%家庭的收入份额从1929年的13.5%上升到了第二次世界大战之后的18%,而收入最高20%家庭的收入份额从1929年的55%下降到第二次世界大战之后的44%,收入最高5%家庭的收入份额从1929

年的31%下降到了第二次世界大战之后的20%。在英国，收入最高5%家庭的收入份额从1880年的46%下降到了1910—1913年的43%、1929年的33%、1938年的31%和1947年的24%；收入最低85%家庭的收入份额从1913年之后开始上升，达到1929年的46%和1947年的55%。在普鲁士，收入不平等程度在1875—1913年有轻微上升，但收入最低60%家庭的收入份额基本保持不变。在德国萨克森州，中等收入20%家庭的收入份额在1880—1913年从12%上升到了13%，而收入最高20%家庭的份额在1880—1913年从56.5%下降到了54.5%，收入最高5%家庭的收入份额在1880—1913年从34%下降到了33%。1913年后到20世纪20年代之间，战争和通货膨胀使得财富大量缩水，德国的收入不平等程度出现明显下降，但到了20世纪30年代经济危机时期又恢复到了战前水平（Kuznets，1955）。

库兹涅茨还指出，收入不平等的下降趋势是经济发展后期阶段的情况。事实上，在城市化、工业化发展的初期阶段，收入不平等程度是逐渐上升的。虽然没有找到能够检验以上猜测的经验性证据，收入不平等趋势逆转的确切时间也很难确定，但库兹涅茨认为，大致上来说，收入不平等扩大的时期是：英国1780—1850年、美国1840—1890年、德国19世纪40年代到50年代。美国和德国收入不平等下降趋势始于第一次世界大战初期，而英国较晚，始于19世纪70年代（Kuznets，1955）。

据此，库兹涅茨归纳了收入不平等和经济发展之间的动态关系：收入不平等的长期变化满足先升后降的曲线形态。因此，库兹涅茨曲线也被称为倒U形曲线。其含义为：在经济发展的前期阶段，收入不平等不断扩大，然后会出现一段时期的稳定，之后随着工业化的不断发展，不平等程度会逐步降低。①如果按去掉直接税但加上政府补贴的家庭收入来衡量，这种长期收入不平等的倒U形特征会更加明显，所得税的累进性会加剧收入不平等的下降。

---

① 在库兹涅茨的论文中，美国工业化发展的初期阶段大体指19世纪，不平等程度下降开始于20世纪上半期。对大部分工业化国家来说，工业化发展的高级阶段开始于19世纪晚期或20世纪初期。

2. 倒 U 形假说的形成机理

库兹涅茨认为，在经济发展的初期阶段，工农业领域的革新对原有生产方式的冲击作用以及由死亡率迅速下降、出生率上升导致的人口快速增长均不利于低收入阶层收入份额的增加。而新产业的出现、财富形式的创新推动了高收入群体收入份额的上升，这是工业化初期收入不平等程度上升的原因。而随着工业化发展速度的放缓，这些因素的推动作用也随之减弱，不平等程度开始出现下降的趋势。库兹涅茨列举了如下导致收入不平等程度下降的原因：

（1）政治法律因素。库兹涅茨认为，一种抵消高收入人群储蓄集中累积效应的力量来自立法干涉和政治干涉。政府会通过征收遗产税、制造通货膨胀、以法律手段降低长期资产利率等方式限制资产的累积。这反映了社会对收入分配不公的抵触态度。为了缓和公众敌对情绪，政府会采取一些行政手段来抑制收入差距的扩大。

（2）技术因素。技术的进步导致旧产业不可避免地被新兴产业所替代。随着新兴产业的不断涌现，旧产业资产在社会总资产中所占的比重必然会不断下降。除非高收入阶层的子孙能够将其家族积累的资产投资到新兴的、利润更高的产业中，否则其资产的长期收益很可能大大低于后起的投资者。换句话说，今日成功的企业家，其子孙后代未必就是明日成功的企业家。

（3）劳动收入因素。库兹涅茨认为，劳动收入对高收入人群的影响非常大，而高收入人群的劳动收入增长没有低收入人群显著。其主要有以下两点原因：首先，高收入人群所获得的高额劳动收入大部分是通过其卓越的个人才能实现的，而长期持续地将个人才能保持在较高的水平上几乎不可能。因此，高收入阶层子孙后代的劳动收入很可能没有低收入阶层的劳动收入增长得快。其次，大部分人群收入的增长都是通过在行业间的迁移实现的，比如从低收入行业跳槽到高收入行业。高收入人群已经身处收益较高的行业之中，供其选择的更高收入的行业或者岗位要少得多，因此高收入人群在通过行业迁移提高劳动收入方面要比低收入人群更受限制。

（4）劳动力流动因素。在经济发展的初期阶段，只有一少部分人有机会分享工业化的果实，获得工业部门的高收入，不平等程度因此上升；而到了经济发展的高级阶段，越来越多的人可以享受到经济发展带来的好处，不平等程度随之降低。库兹涅茨以从农业部门到工业部门的劳动力转移为例进一步解释了这一现象。工业化初期，只有少数人从贫穷的农业部门转移到工业部门，不平等程度开始加深；但由于劳动力会自发地向高收入部门转移，最终越来越多的人会从工业化的发展中受益，不平等状况随之得到缓解。许多人认为，伴随着工业化和城镇化进程，大量劳动力涌入城市并沦为低收入阶层。但库兹涅茨认为，更可能的情况是，随着时间的推移，城市中的外来移民越来越多，比起最早的外来移民，他们的机会更多，在城市中生存的能力更强，占有的收入份额会越来越大。此外，在民主社会中，随着城市低收入阶层政治力量的增长，保护城市低收入阶层的立法会不断出现。这些立法有助于抵消工业化和城镇化所带来的负面影响，支持低收入阶层获得国民收入中更多的份额。因此，工业部门中低收入阶层收入份额的扩大也是促使收入不平等下降的重要原因（Kuznets, 1955）。

库兹涅茨发现，不发达国家（印度、斯里兰卡、波多黎各）的收入不平等程度比发达国家（美国、英国）更高。具体而言，对最低收入60%人口所占的收入比重来说，不发达国家的数据低于发达国家；而就收入最高20%人口所拥有的收入比重而言，不发达国家的数据高于发达国家。这里的收入是直接税税前收入，并且去掉了政府补贴。发达国家的直接税税负及其累进性、对低收入阶层的政府补贴均高于不发达国家，如果考虑直接税和政府补贴的话，不发达国家的收入不平等程度会更高。

一般来说，不发达国家的人均可支配收入较低，但也不可能太低，否则低收入人口没法生存。几乎所有国家都面临着提高最低收入人口收入水平的压力。当一国实际人均可支配收入较低时，低收入人口在长期收入结构中所占收入份额的下限较高；当一国人均可支配收入较高时，低收入人口在长期收入结构中所占收入份额的下限反而较低。如果不发达国家低收入人口的长期收入份额比其他国家的平均水平高，那么不发达国家的收入不平等程度应该较低，并不是像前文分析的较高。然而，如果低收入人群获得较大的收入份额，同时高收入人群也获得较大的收入份额，则意味着中等收入人群获得的收入份额相对于低收入阶层没有累进性，不平等程度会加深。印度和美国的例子形象地说明了这一问题。印度没有中间收入阶层，绝大多数人口的收入远远低于全国平均水平，极少数高收入阶层的收入水平大幅度高于全国平均值。而在美国，低收入阶层到高收入阶层的收入水平呈渐进性增长，大多数人口的收入都在全国平均水平之上，即使最高收入人群的收入份额低于印度的相应值。因此，不发达国家的收入不平等状况很可能比发达国家严重。这并不是因为不发达国家低收入人口所占收入份额低于发达国家的相应值，而是因为不发达国家高收入人口所占收入份额太高，中间收入阶层的收入水平显著低于全国平均水平。如果考虑直接税和政府补贴的话，这种情况将更明显。

造成不发达国家的收入不平等问题可能比发达国家更严重的原因是什么呢？库兹涅茨认为，首先，不发达国家长期收入分配的不平等是与其较低的人均可支配收入相关的。不发达国家的人均可支配收入水平已经很低，不能达到人均可支配收入水平所造成的伤害在不发达国家要比相同情形在发达国家造成的伤害严重得多。在不发达国家，只有高收入人口才会有储蓄行为。如果在发达国家，收入排序前40%的人会储蓄，那么在不发达国家，储蓄行为只会发生在极少数高收入人群中（比如收入排序前3%～5%的人）。因此，储蓄集中现象在不发达国家更为明显，这是不发达国家收入差距较大的原因之一。其次，收入分配的不平等很可能伴随着较低的人均可支配收入增长率。不发达国家的经济绩效并不是一直落后于今天的发达国家，事实上，某些不发达国家在历史上曾经处于全球经济的领先地位。它们今天变成不发达国家是因为其人均产值的增长率远远低于发达国家，其在工业结构转型、国内经济活力的提升等方面相对发达国家而言受到更多限制。想仅仅依靠一代人来改善这种状况、进而显著提高不发达国家的实际收入水平是不可能的。最近几十年，不发达国家的收入分配不平等状况很可能没有改善。

不发达国家收入不平等的变化是否会像发达国家一样，在工业化的早期阶段上升，之后稳定，而后下降？库兹涅茨明确指出，二者的情况不可能完全一样。如今的不发达国家有许多不利于改善收入不平等状况的因素。由死亡率大幅度下降、出生率并未降低而导致的人口激增，会降低低收入人群的收入地位，进而扩大收入不平等。工业化对原有经济社会体制的冲击很可能使低收入家庭失掉原本的工作机会，而他们寻找新就业机会的速度往往赶不上经济体制变化的速度。

更进一步，不发达国家的政府能够容忍收入不平等程度加深所带来的不利影响吗？答案是否定的。收入不平等问题的日益严重会导致激烈的政治、社会变革，这无疑是政府不愿意看到的。那么，不发达国家要怎么做才能在保持经济快速增长的同时避免收入差距过大带来的不利影响呢？库兹涅茨认为，简单照搬发达国家的模式是危险的。也许在发达国家，完全自由的市场对经济增长而言是必须的，但在不发达国家不见得是这样。在过去，来自发达国家的对外投资促使一些欧洲小国经济的快速增长，但今天，对外投资不见得对不发达国家仍然有效。但完全不吸取过去的经验而凭空创造出一种适应当今不发达国家的对策也是不现实的。库兹涅茨认为，我们需要的是对不发达国家现实条件的充分、清晰的认识，并以此为起点，将历史经验应用到今天的现实问题中。

3. **库兹涅茨假说的理论拓展与实证检验**

陈宗胜（1991，1994）提出了公有制条件下的库兹涅茨假说理论模型，并认为在公有制条件下库兹涅茨假说依然是成立的。但由于基本经济制度的差异，公有制与私有制条件下的倒 U 形曲线存在着本质区别。许多影响私有制条件下倒 U 形曲线的因素在公有制条件下并不存在，因此将公有制经济与私有制经济下的倒 U 形假说相混淆，甚至把中国经济发展与收入分配的倒 U 形趋势直接看作库兹涅茨提出的倒 U 形曲线是后人的一种误解。郭熙保（2002）认为，库兹涅茨并没有为倒 U 形假说提供有力的理论支持。为弥补这一不足，郭熙保（2002）从发展经济学的角度在理论上证明了库兹涅茨假说的正确性。他认为，刘易斯（Lewis）的二元经济发展理论和赫尔希曼（Hirschman）的部门发展不平衡理论可以解释经济发展初级阶段收入不平等程度的上升，而缪尔达尔（Myrdal）提出的地区不平衡发展理论则可以解释经济发展高级阶段不平等程度的下降。尹恒等（2005）通过政治经济模型研究了收入分配不平等对经济增长的影响，发现二者之间存在一定的库兹涅茨倒 U 形关系。钱敏泽（2007）推导出了二元结构分配差距理论模型，并据此证明和拓展了库兹涅茨倒 U 形假说，为澄清围绕该假说的理论争议提供了一种新的解释方法。

许多学者也试图通过实证方法检验库兹涅茨假说的正确性。比较有代表性的是 Ahluwalia（1976），他通过对 62 个国家的数据进行回归分析，发现经济发展与收入分配之间确实存在库兹涅茨所说的倒 U 形关系。但 Fields（1984）通过"亚洲四小龙"的经验发现，在经济快速发展的早期阶段，"亚洲四小龙"国家的收入分配状况并未恶化，而是不断改善。因此，伴随着经济的发展，收入不平等程度并不一定经历先升后降的过程。

还有许多学者研究了库兹涅茨假说在中国的适用性。王晓鲁、樊纲（2005）运用我国 30 个省、直辖市、自治区 1996—2002 年的数据检验了收入差距的变化趋势及其影响因素，发现经济发展并不必然带来收入差距先升后降的结果，收入差距有不断上升的趋势，但下降阶段不能确证。李实、李婷（2010）运用中国 2005 年 1% 人口抽样调查数据检验了经济发展与收入不平等的关系，但实证结果并不支持库兹涅茨假说的存在。他们认为，经济发展因素对收入不平等的影响并不明显，经济体制转型因素和政策因素对收入分配发挥着更为举足轻重的作用。郭熙保（2002）反对库兹涅茨假说在中国不成立的说法，认为中国收入差距的扩大在很大程度上是由经济结构的转变导致的快速经济增长引起的。具体来说，农村劳动力向城镇地区的转移、部门和行业发展的不平衡以及地区发展不平衡都是收入分配状况恶化的诱因。丁志国等（2011）运用我国 1985—2009 年的省份数据实证检验了城乡收入差距的变化趋势，结果表明，我国的城乡收入差距随着经济的发展呈现明显的库兹涅茨效应。

2.1.4 皮凯蒂的《21 世纪资本论》

1. 皮凯蒂的理论模型与核心观点

对收入与财富分配不平等变化的探讨是皮凯蒂《21 世纪资本论》的主要内容。皮凯蒂使用的理论模型具体表现为他提出的三个资本主义基本法则（皮凯蒂，2014）。

皮凯蒂提出的资本主义第一基本法则描述了资本回报率 r、资本收入比 β 以及国民收入中的资本份额 α 三者的关系。具体公式如下：

$$\alpha = r \times \beta \tag{2-1}$$

其中，r 指资本回报率或资本收益率，包括利润、利息、股利、租金和其他资本收入，通过收入总额的百分比形式表示。β 是资本收入比，即某时点的资本存量与当年国民收入的比值。α 表示当年的国民收入中通过资本投资取得的收益份额。根据式（2-1）可知，假如某国的资本收入比是6，资本回报率在5%左右，则资本收入占当年国民收入的份额大致是30%。

皮凯蒂提出的资本主义第二基本法则为：

$$\beta = s/g \tag{2-2}$$

该法则表明资本收入比 β 在长期中由储蓄率 s 和经济增长率 g 共同决定，经济增长率即年收入或年产出的增长速度。其中，储蓄率决定了资本的增长速度，而经济增长率则决定了收入的增长速度。如果一个经济体的收入以较快的速度增长（对应较高的 g），而这部分收入中只有较小的比例用于积累财富（对应较低的 s），那么资本收入比就会降低。

由这两个基本法则可以得到下式：

$$\alpha = r \times \frac{s}{g} \tag{2-3}$$

从式（2-3）可以看出，如果资本回报率 r 和储蓄率 s 相对稳定，当经济增长率 g 降低时，国民收入中的资本份额 α 会增加。[①]

进一步，皮凯蒂提出了资本主义第三基本法则：

$$r > g \tag{2-4}$$

皮凯蒂认为，当资本回报率大于经济增长率时，不平等程度将扩大。资本回报率大于经济增长率是皮凯蒂解释不平等变化最重要的理论机理，也是《21世纪资本论》全书逻辑链条的核心环节。在皮凯蒂看来，资本回报率大于经济增长率（$r > g$）是导致收入差距扩大的根本性力量。对不等式 $r > g$ 的认识是理解皮凯蒂关于财富分配不均观点的关键所在（李实、岳希明，2015）。

资本回报率的高低与财富增长以及由财富产生的收入（即资本收入）的增长有直接关系。当资本收入完全用于再投资时，资本回报率就是资本

---

① 这与一些实证研究中的发现相背离。例如，邦内特等（Bonnet）认为，虽然国民收入中的资本份额确实有升高的现象，但这种升高源于不动产价格的升高，并不是由皮凯蒂阐述的机制造成的。

或财富的增长率。国民收入主要由资本收入和劳动收入组成，而劳动收入在国民收入中占比较大，① 因此经济增长率可视为绝大多数人的工资收入增长率。r>g 的直观含义是财富的积累速度大于国民收入的增长速度，它同时意味着国民收入中资本份额的上升和劳动份额的萎缩。

资本主义第一基本法则指出，国民收入中资本收入的份额 α 等于资本收入比 β 乘以资本回报率 r。根据皮凯蒂的计算，从 1950 年开始，美、英、法的资本收入比一直在扩大，并且这种趋势还在继续。

经济学基本原理告诉我们，资本的边际生产率是递减的，即资本回报率随着资本使用量的增加而下降。因此，即使资本收入比 β 在上升，资本收入份额的变化依然取决于资本收入比的上升幅度是否超过资本回报率的下降幅度。当资本收入比上升1%而资本回报率的下降幅度小于1%时，资本收入份额将上升，反之则下降。资本收入比的上升幅度与资本回报率的下降幅度的相对大小，实际上反映了资本和劳动两种生产要素之间的替代弹性。当替代弹性大于 1 时，资本收入比上升对资本收入份额的提高作用不足以被资本回报率下降的效应所抵消，最终资本收入份额将上升（李实、岳希明，2015）。皮凯蒂根据历史数据计算得出，现实中资本和劳动两种生产要素的替代弹性值在 1.3~1.6②。也就是说，国民收入中资本收入份额会随着资本收入比的上升而上升。不仅如此，资本收入比的扩大还意味着资本集中的加强和财富差距的加大。在资本回报率持续且显著大于收入增长率的条件下，财富的相对规模不断扩大，财富的集中也随之加剧。

在皮凯蒂看来，财富的集中存在着自我强化的机制。与拥有少量财富的人相比，巨额财富的拥有者可能只需要将其财产收入的很小比例用于消费即可，也就是说，富人的储蓄率随其所持有财富的增长而增加，其财富的增长速度更快。不仅如此，资本回报率还与财产规模成正比。拥有财产

---

① 发达国家的历史数据表明，劳动收入在国民收入中的占比大致为 2/3~3/4。
② 对此，皮凯蒂给出了两点解释：其一，资本有多种用途，为了避免某种投在特定用途上的资本的边际生产率的递减，资本会转向其他用途。不仅如此，技术进步不断产生新的投资需求，而这些新需求有更高的回报率，会抑制资本边际生产率的下降。其二，近年来，资本流动性的加强和各国为争取外资而进行的激烈竞争，显著提高了资本的议价能力，这也在很大程度上阻碍了资本回报率的下降。

规模越大的人在投资过程中更容易获得更好的投资经营资源，由此实现较高的回报率，他们的财产增长速度也更快。

财富集中和财产差距的扩大是否总是令人担忧呢？这在很大程度上取决于财产的积累方式。皮凯蒂讨论了两种财富积累方式：财产继承与储蓄。在财产继承的情况下，如果资本回报率远远大于经济增长率，一个从父母处继承了财产的人仅需把财产收入的一小部分用于储蓄和再投资即可保证其财产的持续增长，并使其财产的增长速度大于其收入的增长速度，进而实现财富的再生。在财富继承和财富再生的作用下，财富将越来越集中在少数人或少数家族中，财富分配将出现固化趋势，家庭背景（其父母是否拥有财富以及拥有多少）在财富积累中起着最重要的作用。与此不同，对于仅靠劳动收入生活的人，他们只能通过储蓄积累财富，财富积累的主要动机是为了养老。他们的财富量会随着工作年限的增加而增大，到退休时达到最大值，随后逐渐减少直至去世。在这种情形中，人们在财富上的差距取决于其工作年限。显然，这种财富差距不足为忧。

在现实社会中，两种财富积累的方式会同时存在，只不过各自的作用大小有所不同。根据皮凯蒂的计算，财富继承总额（包括被继承人去世时的遗产继承和在世时的财产赠予两部分）占私人财富的比重在1910年为90%，之后由于战争和税收政策的影响降至1970年的42%~43%，随后又转而上升，2010年上升至70%。这一比重在未来将如何变化，取决于资本回报率和经济增长率的变化。在假定年均经济增长率为1%、资本回报率为5%的情况下，继承的财富占私人财富总额的比重在2100年将上升至90%，重新回到第一次世界大战前的历史最高水平。私人财富积累过程中财产继承的作用将持续上升。

此外，皮凯蒂还特别探讨了美国收入分配中的特殊现象。20世纪70年代末以来，美国收入差距出现爆炸式扩大的趋势，其主要原因是劳动收入差距的扩大，而资本收入集中的作用是次要的。这一点与其他发达国家完全不同。皮凯蒂提供的数据显示，在美国，收入最高10%人群占国民收入总额的比重由20世纪70年代末的30%~35%上升至21世纪最初十年的45%~50%，上升了15个百分点，收入最高1%人群的收入份额由20世纪70年代末的9%上升至21世纪最初十年的20%以上。国民收入中10%高收入人群收入占比的上升主要是由工资收入向高收入阶层集中造成的。工资收入最高10%人群占整个工资收入总额的比重由20世纪70年代末的25%上升至21世纪最初十年的35%，上升了10个百分点。也就是说，总收入中最高收入10%人群占比上升的15个百分点中，2/3由工资收入的集中所致，其余的1/3来源于资本收入分配差距的扩大。

美国的高工资人群主要是大企业的高管人员，皮凯蒂把他们统称为超级经理人（super managers），把他们的超高工资称为超级薪酬（super salaries）。美国超级经理人中的一部分属于金融业高管，但绝大多数人从业于非金融行业。另外，在收入最高的1/1000人群中，球星、演员以及艺术家占比低于5%。这一点说明美国的高收入人群多为体育或电影明星的直观感觉是错误的。美国从20世纪70年代末以来，收入差距急剧扩大的"罪魁祸首"是大公司超级经理人薪酬的暴涨。最高管理人员的薪水由他们自己决定，或者由工资薪酬委员会决定，工资薪酬委员会的成员大多由与高管人员的背景和职位大致相同的人组成（如来自其他企业的高管人员），因此无论高管本人还是薪酬委员会成员都有动机提高高管人员的薪酬。皮凯蒂认为，超级经理人获得的超高薪酬并不来源于他们对企业做出的卓越贡献，而是由上述薪酬决定机制造成的。

综上所述，资本回报率持续地高于经济增长率，不仅导致财富的相对规模扩大和财富的集中度增强，同时也直接导致收入不平等的恶化。皮凯蒂预测，21世纪（尤其是后半期）将是经济低速增长时期，年均增长率将出现明显下降趋势，具体地说，2012—2050年为2.5%左右，2050—2070年为1.5%，2070—2100年为1.2%。与此相比，资本回报率将维持在4%~4.5%，远远高于同期经济增长的预测值。他反复强调，当资本回报率长时间超过收入增长率、经济长期处于停滞状态时，财富的分配效应将显著增强，资本收入比将不断提高，甚至超过第一次世界大战爆发之前的历史最高水平（皮凯蒂，2014）。拥有财富的食利者阶层仅需把资本收益的很小部分用于再投资，即可保证其财富和资本收入的增长超过劳动收入增长。白手起家的企业家们最终将沦为食利者。仅靠劳动取得收入的人，无论在收入增长上，还是在财富积累上，都无法跑赢资本所有者，资本家将在财富积累和新增收入的分配上具有支配地位。长此以往，资本所有者不仅可以主宰财富和收入分配，甚至可以主宰整个社会。虽然历史上曾出现收入差距下降的现象，但那些阻碍财富集中和收入差距扩大的因素是战争、经济萧条以及与此相伴的政府收入分配政策，经济运行机制中缺少自动抑制财富集中和收入差距扩大的机制。

对此，皮凯蒂开出的"药方"是，在全球范围内课征财富税，他同时提出了累进性税率表，财富级次和税率分别是：100 万欧元以下的财富免税，100 万~500 万欧元的财富征税 1%，500 万欧元以上的财富适用 2% 税率。财富税可以拉近资本回报率与经济（或收入）增长率之间的距离，使税后资本回报率或多或少地接近经济增长率，削弱财富及资本在分配中的绝对优势，相应地提高劳动在收入分配中的地位。当然，全球财富税的可行性令人质疑，甚至受到不少学者的批评。皮凯蒂也清醒地认识到这个政策建议会遇到很多阻力，但是他认为只有如此才能改变收入及财富分配差距不断扩大的现实。

2. 皮凯蒂和马克思的思想比较

虽然皮凯蒂的《21 世纪资本论》与马克思的《资本论》在书名和研究内容上存在关联，但在研究结论上，马克思与皮凯蒂之间的差异大于相似。皮凯蒂曾经在采访中明确指出，《21 世纪资本论》绝非他向马克思《资本论》的致敬之作，《资本论》对他的影响并不大。事实上，皮凯蒂自己从未试图读过《资本论》（皮凯蒂，2015）。

在对资本的定义上，皮凯蒂与马克思就存在明显差别。《21 世纪资本论》中的资本是指在市场上被赋予所有权并可被交易的非人力资产，并且资本和财富的含义是相同的，皮凯蒂并未对二者加以区别。而马克思的资本是指资本家将其占有的生产资料与雇佣的劳动力相结合并生产剩余价值的过程。资本不是物，而是一种社会关系（李其庆，2015）。诺贝尔经济学奖获得者、美国著名经济学家罗伯特·索洛（Robert Solow）认为，皮凯蒂将资本和财富等同视之的做法并不完全正确。他指出，财富是从个人或者公司的总资产中扣除总负债后得到的余额。从这种意义上来说，资本和财富的含义可以等同。但资本还有另一层含义，即生产过程中的一种重要生产要素，某些财富（例如昂贵的艺术品）并不能作为生产要素投入到生产过程中，因此，严格地说，资本是财富，但财富不一定是资本（Solow，2014）。齐昊（2014）认为，与马克思对资本的严格界定相比，皮凯蒂对资本的定义经不起推敲。用财富作为研究基本对象在数据收集方面比较容易，但对于分析资本主义的发展规律来说是隔靴搔痒。

皮凯蒂与马克思理论的差别还体现在对资本积累后果的判断上。马克思的资本积累理论认为，资本积累的源泉是由工人劳动产生的剩余价值，正是因为资本积累，资本主义扩大再生产才得以实现。追逐剩余价值是资本家的目标和本能，这也是其实现资本积累的内在动力，而市场竞争则促使资本家不断地扩大再生产以积累更多的资本，这是资本家进行资本积累的外在压力。随着资本积累规模的逐渐扩大，资本必然越来越聚集在少数资本家手中。相应地，绝大多数劳动者日益贫困，两极分化的现象不断加重，资本主义最终走向灭亡。与马克思的资本积累理论和资本主义趋于灭亡的预言不同，皮凯蒂认为，财富集中仅仅是财富分配变化的可能趋势之一。他指出，马克思得出资本主义灭亡结论的原因在于对技术进步和经济增长的忽视，而技术进步和经济增长可以缓和资本不断集中的矛盾。此外，皮凯蒂认为，马克思缺少可以佐证其理论的完整、准确的统计数据。虽然马克思也曾偶尔尝试使用他所能获得的最好数据来进行分析，但那些数据往往过于粗糙。皮凯蒂（2014）认为，尽管马克思的理论存在缺陷，但其提出的预言依然值得人们深思、警醒；虽然资本可能并不会无限制地积累下去，但促使资本集中和贫富差距扩大的力量比遏制财富集中的力量强得多；如果没有战争和财富税等强烈的外来力量干预，资本收入比将不断上升，资本集中与财富分配不平等现象将日益严重。

此外，皮凯蒂对马克思提出的利润率下降规律颇有微词。马克思在《资本论》中指出，利润率下降是资本主义生产方式下的特有规律。马克思用公式证明了这一点（马克思，2004）。

$$\pi = \frac{m}{c+v} = \frac{m}{v(1+c/v)} = \frac{m/v}{(1+c/v)} \qquad (2-5)$$

式（2-5）中，利润率 π 是剩余价值 m 与社会总资本的比值。总资本等于不变资本 c 与可变资本 v 之和。不变资本与可变资本的比值称为资本的有机构成（c/v）。m/v 代表剩余价值率。假定剩余价值率不变，利润率和资本有机构成按相反方向变动，即资本有机构成越高，利润率越低。具体而言，企业为了使其生产产品的个别必要劳动时间低于社会必要劳动时间，就要不断改进生产技术以获得超额利润。而技术的不断进步和机器设备的更新换代对劳动力具有替代作用。与不变资本相比，可变资本在总资本中所占的比例将逐渐减少，正如马克思（2004）所说："随着资本主义生产方式的发展，可变资本同不变资本相比会相对减少，这是资本主义生产方式的规律。"因此，随着资本有机构成不断提高，资本利润率趋于下降。但皮凯蒂不同意马克思的这一理论。皮凯蒂（2014）认为："马克思主义者强调的利润率不断下降的规律被证明是错误的历史预言，尽管这其中确实包含了有趣的直觉判断。"但也有学者认为，皮凯蒂之所以得出这样的结论很可能源于其对马克思一般利润率趋于下降规律理论的一处明显误读。例如，邱海平（2015）指出，马克思的一般利润率趋于下降理论的结论并不是指利润率会越来越低，甚至像皮凯蒂认为的利润率最终会趋于零，从而整个资本主义社会会"自动崩溃"。"自动崩溃论"是许多西方学者在没有认真研读马克思的理论学说的前提下强加于马克思的一个错误结论。

在一定程度上，皮凯蒂提出的资本收益率高于经济增长率与马克思的一般利润率下降规律具有统一性。利润率下降规律是针对社会总体的平均利润率而言的，对个别资本来说，利润率不一定必然下降，而很可能上升。首先，利润率下降的规律促使企业不断通过提高劳动生产力等方式追求自身的高利润率。在这一过程中，社会平均利润率不断下降的压力将逐渐集中到竞争中的失利者身上，而竞争中的胜利者（尤其是那些总资本和社会地位已经稳固的大资本家）则可以摆脱利润率下降的规律，通过不断地积累获得高额利润。其次，利润率下降规律促使资本从本土向广大欠发达国家和地区转移，通过利用不发达地区的廉价劳动力、土地以及未受保护的生态环境来抵消利润率下降的压力（鲁品越，2015）。可见，利润率下降规律与高资本收益率并不矛盾，正是社会平均利润率的不断下降才促使资本家追求并实现更高的利润率。

3. 皮凯蒂和库兹涅茨的思想比较

虽然从书名来看，《21世纪资本论》更像是《资本论》在21世纪的延续，但事实上，对皮凯蒂《21世纪资本论》的写作影响最大的经济学家是库兹涅茨。皮凯蒂（2015）曾坦言，《21世纪资本论》是他在库兹涅茨研究基础之上的扩展。此前并没有学者将库兹涅茨的理论放到更多国家和更长时间范围内进行验证，而皮凯蒂的《21世纪资本论》填补了这项空白。但在研究结论上，皮凯蒂和库兹涅茨存在较大差异。

库兹涅茨认为，不平等的发展轨迹满足一种先升后降的曲线形态，即在经济发展的初期阶段不平等程度上升，之后随着工业化的不断发展，不平等程度会迅速降低。与库兹涅茨提出的倒U形曲线不同，皮凯蒂认为，收入不平等的变化并没有明显的规律性趋势。皮凯蒂以1910—2010年美国收入最高10%人群所占国民收入份额的变化来描述美国收入不平等的变化。他发现，1910—1940年，美国最富有10%人群的收入份额大致占美国国民总收入的40%~50%。1940年后，这一份额开始下降，到20世纪50年代，达到35%左右。至此，皮凯蒂的这些发现都与库兹涅茨描述的1913—1948年的收入不平等变化相吻合。而对20世纪50年代之后的收入不平等变化而言，皮凯蒂的描述与库兹涅茨的预测却大相径庭。库兹涅茨认为，收入不平等的变化会经历先上升后下降的过程，并最终维持在社会可接受的水平上。但皮凯蒂发现，20世纪80年代以后，以最高收入10%人群为代表的收入不平等呈不断上升的趋势，并且他很难确定这种不平等的扩大何时会结束。皮凯蒂还研究了19世纪末期到20世纪初期欧洲主要国家（英国、法国、德国）资本收入比的变化。皮凯蒂（2014）发现，1870—1910年，欧洲主要国家的资本收入比非常高，而到了两次世界大战期间，这一比值迅速下降，甚至不到原来的一半；20世纪50年代以后，资本收入比又开始显著回升。

皮凯蒂与库兹涅茨对收入不平等变化趋势的判断依据是不同的。皮凯蒂理论的核心机制是资本收益率大于经济增长率，而库兹涅茨认为不平等程度将下降的原因在于由工业化、城镇化发展带来的部门间人口迁移。按照皮凯蒂的解释，库兹涅茨假说的隐含意义是，即使没有政府的干预或其他外生冲击，经济发展的内在逻辑也会导致收入不平等的发展呈倒U形的变化。但皮凯蒂指出，库兹涅茨曲线的理论成因基本上是错误的，其实证基础也非常脆弱。1914—1945年，大部分富裕国家收入不平等程度的下降是由世界大战及战争带来的政治经济波动引起的，与库兹涅茨所说的跨部门间的人口流动几乎没有关系（陈宗胜，1991）。虽然肯定了库兹涅茨在推动美国国民收入核算方面的重要贡献，皮凯蒂依然认为库兹涅茨曲线理论的形成在很大程度上源于库兹涅茨的推测,就像库兹涅茨自己说的一样:"这一结果由 5%的实证分析和 95%的推测得来,有一些甚至是一厢情愿的想法。"

其实库兹涅茨也曾在 1953 年的论文中指出,他测算出的不平等程度的降低是一种非常偶然的现象,其在很大程度上取决于经济大萧条和第二次世界大战的冲击。他在论文中告诫读者要审慎看待这一现象,不要将其上升到总结性的理论(Kuznets,1953)。但到了 1954 年,库兹涅茨却在美国经济学会底特律会议的演讲上对自己在 1953 年论文中的发现进行了理论性的归纳,并最终将这篇演讲发表在他 1955 年的经典论文《经济增长与收入不平等》中,库兹涅茨曲线由此诞生。皮凯蒂认为,库兹涅茨将自己 1953 年论文中的发现理论化,很可能更多的是出于政治上的考虑。从某种程度上说,库兹涅茨曲线是美苏冷战的产物(Piketty,2014)。

此外,我们认为,库兹涅茨与皮凯蒂使用的测算指标不同也会对二者结论上的差异产生影响。在《21 世纪资本论》中,皮凯蒂主要使用最高收入 10%、1%乃至 0.1%的富人占国民收入的比重来描述收入不平等的变化,这种做法有合理性。在社会福利函数的假定中,最高 1%的不公平是非常有害的,它使整个社会缺少公平的竞争平台,进而降低国家资源分配的效率,阻碍技术创新的步伐。但最高收入人群占国民收入的份额并不能为理解不平等的全貌提供充分的信息。[①] 而库兹涅茨综合使用了收入最高 20%、5%以及收入较低 20%、40%、60%、85%等指标来研究收入不平等的变化。也就是说,二者观测的是不同收入人群收入份额的变化趋势。由于衡量指标不同、考察人群不同,很难说皮凯蒂与库兹涅茨谁对谁错,二者对收入不平等变化的预测并不一定是对立的。对这一问题的考证还有待于建立在统一测量指标基础上的收入分配实证分析。

2.1.5 小结

在《21 世纪资本论》中,皮凯蒂描述了一个被资本所有者统治的未

---

① 切蒂等(Chetty)认为,只分析最富裕人群(如收入排序中最高 1%人群)在整个国民收入中所占的收入份额会导致对中、下层收入人群的忽视。此外,最高收入 1%人群的收入份额并不与收入分配公平性的度量最相关。在过去几十年中,即使美国最富有 1%人群的财富迅速增加,美国整个社会的收入分配状况也基本不会发生太大变化。

来。虽然皮凯蒂的《21世纪资本论》与马克思的《资本论》在书名和研究内容上存在关联，但实际上《21世纪资本论》并非《资本论》在21世纪的延续，二者在诸多方面存在差异。库兹涅茨认为，在经济发展的初期阶段，不平等程度上升，之后随着工业化的不断发展，不平等程度会迅速降低。与库兹涅茨提出的倒U形曲线不同，皮凯蒂认为，收入不平等的变化并没有明显的规律性趋势。库兹涅茨认为，收入不平等程度的下降是由经济发展过程中部门间的人口迁移等因素导致的，而皮凯蒂将收入不平等的扩大归因于资本收益的增长速度大于经济增长速度。

在得到诸多赞誉的同时，《21世纪资本论》也受到许多批判。比如，达龙·阿西莫格鲁（Daron Acemoglu）和詹姆斯·A. 鲁滨逊（James A. Robinson）认为，制度和政治因素是不平等最大的成因，而皮凯蒂忽视了这一点（Acemoglu 和 Robinson，2015）。由于忽视了政治经济制度对技术进步和资源配置的重要影响，皮凯蒂提出的资本主义基本法则对于理解过去和预测未来的收入分配变化几乎没有帮助。Acemoglu 和 Robinson（2015）通过对南非、瑞典政治经济史的分析指出，对最高收入阶层收入份额的分析并不能刻画出收入不平等的决定性因素。决定收入不平等如何变化的是政治制度因素，而不是皮凯蒂所说的资本利率和经济增长率的差距。此外，皮凯蒂重点关注最高收入人群的做法缺乏合理性，这可能造成对中、低收入人群收入分配变化特点的忽视。

2.2 收入不平等及其变动的实证研究综述

2.2.1 基于人口结构的收入不平等研究

收入不平等指数是测量收入分配不平等程度的综合指标。分散系数、变异系数、基尼系数（Gini，1921）、泰尔指数（Theil，1979a, b）、阿特金森指数（Atkinson，1970，1973，1983）、等分组、洛伦兹曲线（Lorenz，

1905）等都是收入分配常用的不平等指数。与收入不平等指数的作用不同，收入不平等指数的分解则是人们常用的分析收入不平等原因的手段。收入不平等变化的分解方法主要分为按人群组分解法与按收入来源分解法。

按人群组分解不平等指数方法的提出者是 Shorrocks（1984），Shorrocks（1988）对该方法做了进一步拓展。按人群组分解不平等指数方法是在样本总人口按某种人口结构特征（例如，城镇/农村人口、东部/中部/西部人口）分组后，将总人口的收入差距分解为组内不平等决定的部分和组间不平等决定的部分。按人群组分解不平等指数法主要适用于以泰尔指数为代表的一般熵指数的分解。

一般熵指数的公式为：

$$I_c = \frac{1}{n} \frac{1}{c(c-1)} \sum_i \left[\left(\frac{y_i}{\mu} \right)^c - 1 \right] \quad (2-6)$$

其中，当 $c = 0$ 时，得到平均对数离差计算公式：

$$I_0 = \frac{1}{n} \sum_i \log\left(\frac{\mu}{y_i} \right) \quad (2-7)$$

当 $c = 1$ 时，得到泰尔指数计算公式（Berry 等，1981，1983；Bourguignon，1979；Cowell，1980b；Shorrocks，1980；Theil，1979a，b；Yoshida，1977）：

$$I_1 = \frac{1}{n} \sum_i \frac{y_i}{\mu} \log \frac{y_i}{\mu} \quad (2-8)$$

一般熵指数可以通过如下公式在各个人群组之间进行分解：

$$I = \sum_{g=1}^{k} w_g I_g + I(\mu_1, \mu_2, \cdots, \mu_g) \quad (2-9)$$

其中，w_g 是组 g 的权重，它等于组 g 的人口收入在总人口中所占比重，I_g 是组 g 内部的收入不平等程度，μ_g 是组 g 人口的平均收入。上式中的第一项表示各组人群内部收入不平等的加权平均值，也被称为组内差距；第二项为各组人群平均收入水平之间的差距，也被称为组间差距（Shorrocks，1984；Blackorby，1981；Cowell，1983，1995，2000；Jenkins，1991，2006；Cowell 和 Jenkins，1995）。应用这种方法，Yuk-shing Cheng（1996）

运用中国五省的农村住户数据研究了中国农村收入不平等的决定因素。研究发现，各个农业产区之间的收入不平等程度非常高，粮食收入是主要的收入不平等来源。Sicular 等（2007）基于 1995 年和 2002 年的 CHIP 数据研究了中国的城乡收入差距及其对全国收入差距的影响，发现中国城乡之间的收入差距非常大，且有随时间推移不断扩大的趋势。古斯塔夫森等（2008）使用 1988 年、1995 年、2002 年的住户调查数据研究了中国的城乡差距、地区差距及地区内部的城乡差距，发现中国的收入分配不平等很大程度上来源于城乡之间和地区之间的收入差距。

按人群组分解不平等指数变化的文献着重考察年龄、教育水平、地区等结构性特征的改变对不平等变化的影响。Mookherjee 和 Shorrocks（1982）认为，在探究社会整体收入不平等状况之前，很有必要研究这些结构性特征的改变对收入分配的影响。在 Mookherjee 和 Shorrocks（1982）之前，标准化分析法（standardization approach）是研究这一问题的常用方法（Semple，1975；Love 和 Wolfson，1976；Dinwiddy 和 Reed，1977；Rowley 和 Henderson 1978；MacLeod 和 Horner 1980）。该方法通过比较基期收入分布与某一结构型特征改变之后的基期收入分布来研究结构性特征变化的作用。比如，如果要研究人口年龄结构变迁对收入分配的影响，在标准分析法下，我们首先用 t_1 时期的收入分布作为基期收入分布，然后在 t_1 时期其他特征不变的情况下，用 t_0 时期的人口年龄结构替换 t_1 时期收入分布中的年龄结构。t_1 时期的真实收入分布与使用 t_0 时期人口年龄特征的 t_1 时期构造收入分布之间的差距即为人口年龄结构变化对收入分配的影响。标准化分析法非常适用于研究简单直接的结构性变化的影响。但当几个结构性特征同时发生变化时，这种方法无法将每种特征的单独影响进行区分，也无法区分每个特征对整体收入不平等变化的贡献度。

Mookherjee 和 Shorrocks（1982）提出了一种研究结构性特征改变对收入不平等趋势影响的方法。该方法比标准化研究方法更为优越，它的研究对象不是单一年份的收入不平等，而是某一时间段内收入不平等的变化。具体来说，Mookherjee 和 Shorrocks（1982）方法分解的对象是平均对数离差的变化。平均对数离差（Mean Logarithm Deviation，以下简称 MLD）是度量不平等程度的常用指标，其公式为：

$$I_0 = \frac{1}{n} \sum_i \log\left(\frac{\mu}{y_i}\right) \qquad (2-10)$$

其中，I_0 代表平均对数离差，n 代表样本总人口数，μ 代表样本总人口的平均收入，y_i 代表样本中第 i 个人的收入。两时期平均对数离差的差异可以分解为：

$$\Delta I_0 = \sum_k \bar{\nu}_k \Delta I_0^k + \sum_k \bar{I}_0^k \Delta \nu_k + \sum_k (\bar{\lambda}_k - \overline{\log \lambda_k}) \Delta \nu_k + \sum_k (\bar{\theta}_k - \bar{\nu}_k) \Delta \log \mu_k \qquad (2-11)$$

其中第一项是各组内部不平等指数变化的加权平均值。任何一组人群收入不平等的上升都会导致样本整体不平等程度的加深，反之亦然。第二项和第三项度量了各组人口比重的变化对整体收入不平等变化的影响。第四项代表了各组平均收入的变动对整体收入不平等的作用。

应用该方法，Mookherjee 和 Shorrocks（1982）研究了 1965—1980 年英国家庭收入不平等的变化趋势和影响因素，发现英国的不平等程度是上升的，原因在于各年龄组之间收入差距的不断扩大，即年龄效应（age effect）。Gustafsson 和 Li（2001）应用 Mookherjee 和 Shorrocks（1982）提出的方法研究了 1988—1995 年中国城镇居民的收入不平等变化。研究发现，1988—1995 年中国城镇居民的收入差距迅速扩大，不平等程度的上升不仅仅存在于某一类人群中，而是一种在城镇各类别人群中非常普遍的现象。同样使用该方法，Jenkins（1995）分析了英国 1971—1986 年收入不平等变化的原因。他发现，收入不平等的变化是由包括工资不平等、劳动力结构、失业等一系列因素造成的。Wu 和 Perloff（2005）研究了 1985—2001 年中国农村、城镇及全国整体的收入不平等变化趋势。他们的研究发现，城乡内部及城乡之间收入差距的扩大对全国整体收入差距的扩大起着几乎相同的作用，但城乡收入不平等对整体收入差距的扩大作用日益增强。

2.2.2 基于收入来源的收入不平等研究

按收入来源分解基尼系数法也是研究不平等变化原因的方法，此方法的代表性文章为 Lerman 和 Yitzhaki（1985）。根据 Lerman 和 Yitzhaki

(1985)，如果总收入 Y 可以表示成 k 项收入之和的形式，则总收入的基尼系数可以表示为 $G = \sum_{k=1}^{K} S_k C_k$，其中 S_k 表示分项收入 k 在总收入中的收入份额，C_k 代表分项收入 k 按总收入排序的集中率。进一步地，Lerman 和 Yitzhaki（1985）将分项收入集中率分解成了如下公式：

$$C_k = G_k R_k$$

其中，G_k 表示分项收入 k 的基尼系数，R_k 表示分项收入 k 与总收入排序的相关系数。据此，基尼系数被分解成如下公式：

$$G = \sum_{k=1}^{K} S_k G_k R_k \qquad (2-12)$$

为测算分项收入的变动对总收入不平等变化量的影响，分项收入对总收入不平等指数的边际效果可以表示为：

$$\begin{aligned}\frac{\partial G/\partial e}{G} &= \frac{S_k G_k R_k}{G} - S_k \\ &= S_k \frac{G_k R_k - G}{G}\end{aligned} \qquad (2-13)$$

如前所述，式（2-13）中的 $G_k R_k$ 等于分项收入 k 的集中率 C_k。该式表明，若某项收入来源的集中率大于总收入的基尼系数，则该分项收入对总收入的不平等起扩大作用，增大该项收入在总收入中的份额会提高总收入的不平等程度。若某项收入来源的集中率小于总收入的基尼系数，则该分项收入对总收入的不平等起缩小作用，增加该项收入在总收入的比重会改善总收入的不平等程度。

应用基尼系数分解法，李实等（2000）计算出 1995 年我国城镇住户的财产分配不平等指数，并分析了财产收入分配的主要影响因素。他们发现，中国城镇居民之间的财产收入差距与绝大多数市场经济国家相比并不悬殊。但中国城镇居民在财产收入上的不平等程度比总收入的不平等程度更深，并且居民之间的财产收入差距在长期很可能加速扩大。李实等（2005）运用 CHIP2002 和 CHIP2005 的调查数据研究了中国居民财产分配的不平等状况，发现 2002 年和 2005 年中国居民的财产收入差距迅速扩大，扩大的主要原因在于城乡居民之间财产分配不平等程度的急剧加深。黄祖辉等（2003）研究了转移性收入对收入不平等的影响，发现我国现阶段的转移性收入并没有成为缩小收入不平等的再分配手段，相反加剧了收入的不平等。万广华（1998）运用针对基尼系数变化的分解方法研究我国农村区域间居民收入差距变动的原因，发现1984—1995年中国农村区域间收入不平等程度上升，并且这种上升趋势与农村经济结构的变化密切相关，从贷款、税收、科技、财政政策上支持贫困地区发展家庭经营能够有效缩小地区间的收入差距。

需要指出的是，研究中一般只按照收入来源分解基尼系数，而不采用按人群组分解基尼系数的方法。如果使用按人群组分解一般熵指数的方法分解基尼系数，基尼系数无法分解成"完美的"组间差距和组内差距两部分，而是分解成组间差距、组内差距以及组间差距与组内差距的交互项三部分。但这种分解到底是否意味着基尼系数是按人群组可分的还未有定论（Anand，1983；Fei 等，1979；Mehran，1975；Pyatt，1976；Rao，1969；Silber，1989；Dagum，1997；Deutsch 和 Silber，1997）。

第3章 数据与定义

3.1 数据来源

我们使用的数据来自五轮中国家庭收入调查（以下简称 CHIP）项目，该项目为入户调查，收集数据的年份为 1988 年、1995 年、2002 年、2007 年和 2013 年。这意味着本书数据在时间跨度上可以覆盖中国经济发展的 25 年。每次调查的样本都包括农村和城镇部分，2002 年之后的调查又加入了流动人口样本。每一轮 CHIP 包含的样本省份均不同。CHIP 项目组在选择调查省份的时候，考虑了省份在东、中、西部的地区代表性，也考虑了与以往年份 CHIP 样本省份的衔接性。2013 年 CHIP 样本（简称 CHIP2013）涉及北京、辽宁、广东、江苏、山东、山西、安徽、河南、湖北、湖南、重庆、四川、云南、甘肃、新疆维吾尔自治区。表 3-1 展示了各年 CHIP 涉及的具体省份。

表 3-1　1988 年、1995 年、2002 年、2007 年、2013 年 CHIP 样本覆盖的省份

省份	1988年 农村	1988年 城镇	1995年 农村	1995年 城镇	2002年 农村	2002年 城镇	2002年 流动人口	2007年 农村	2007年 城镇	2007年 流动人口	2013年 农村	2013年 城镇	2013年 流动人口
北京	*	*	*	*	*	*		*	*		*	*	*
天津	*												
上海	*							*	*				
河北	*		*		*			*					
辽宁	*	*	*	*	*	*		*			*	*	*
江苏	*	*	*	*	*	*		*	*		*	*	*
浙江	*		*		*			*	*	*			
福建	*							*					
山东	*		*		*						*	*	*
广东	*	*	*	*	*	*		*	*		*	*	*
海南	*												

续表

省份	1988年 农村	1988年 城镇	1995年 农村	1995年 城镇	2002年 农村	2002年 城镇	2002年 流动人口	2007年 农村	2007年 城镇	2007年 流动人口	2013年 农村	2013年 城镇	2013年 流动人口
山西	*	*	*	*	*	*	*	*	*		*	*	*
吉林	*		*		*								
黑龙江	*												
安徽	*	*	*	*	*	*	*	*	*	*	*	*	*
江西	*		*										
河南	*	*	*	*	*	*	*	*	*		*	*	*
湖北	*	*	*	*	*	*	*						
湖南	*		*		*			*	*		*	*	
内蒙古自治区	*												
广西壮族自治区	*				*								
重庆			*	*	*	*	*	*	*	*	*	*	*
四川	*		*	*	*	*	*	*	*		*	*	*
贵州			*										
云南	*	*	*		*	*		*	*		*	*	
西藏自治区													
陕西	*		*		*								
甘肃	*	*	*	*	*	*		*	*		*	*	*
青海	*												
宁夏回族自治区	*												
新疆维吾尔自治区					*						*	*	

注：*表示这些省份被CHIIP问卷或国家统计局提供的补充数据库覆盖。

CHIP样本全部来自国家统计局"住户收支与生活状况调查"的大样本。

分省住户调查的抽样方法由国家统计局制定。① 抽中调查小区五年内保持不变。抽中住宅两年内保持不变，每年轮换一半。在国家统计局大样本的基础上，CHIP项目在设计抽样程序的过程中兼顾了样本抽选的随机性、在收入指标上对大样本的代表性以及便于调查组织实施这三个抽样原则的基础上，采取分层抽样、整群抽样、随机等距抽样相结合的方法进行了样本抽选。抽样具体步骤：首先，确定各市县的样本量；其次，确定需要抽选的市辖区个数以及县和县级市个数；再次，抽取市辖区、县及县级市；最后，抽选样本户。CHIP2013数据具体包括18128个被调查户、62603人，其中农村10551户、39421人；城镇6866户、20339人；流动人口711户、2843人。表3-2展示了五轮CHIP包含的农村、城镇、流动人口的户数、人口数与省份数。

表3-2 1988年、1995年、2002年、2007年、2013年CHIP样本的覆盖面

单位：户、人、个

样本类型		1988年	1995年	2002年	2007年	2013年
农村	户数	9 903	7 974	9 200	13 000	10 551
	人口数	49 430	34 634	37 969	51 837	39 421
	省份数	28	19	22	16	15
城镇	户数	8 884	6 931	6 835	10 000	6 866
	人口数	31 310	21 689	20 632	29 553	20 339
	省份数	19	11	12	16	15
流动人口	户数	—	—	2 000	4 978	711
	人口数	—	—	5 327	8 404	2 843
	省份数	—	—	12	9	15
合计	户数	18 787	14 905	18 035	27 978	18 128
	人口数	80 740	56 323	63 928	89 794	62 603
	省份数	28	19	22	17	15

注：CHIP数据从2002年之后开始加入流动人口样本。

---

① 样本量按满足以下代表性需求的标准确定：在95%的置信度下，分省居民及分省分城乡居民人均可支配收入、消费支出以及主要收入项和消费项的抽样误差控制在3%以内（个别人口较少的省在5%以内）。由此汇总生成的全国居民及全国分城乡居民人均可支配收入和消费支出抽样误差控制在1%以内，主要收入项和消费项的抽样误差控制在3%以内。国家统计局使用统一的抽样框，以省为总体，在对县级调查网点代表性进行评估的基础上采用分层、多阶段随机抽样方法抽选调查住宅，确定调查户。

表3-3将本部分样本所包含的户数及人口数与国家统计局的调查样本量进行比较,以考查本部分样本量的大小是否具有代表性。

从表3-3中可以看出,本部分各年样本户数和样本人口数在国家统计局调查样本中的占比均在10%以上,绝对数和相对数比较大,具备较高的代表性和说服力。

表3-3 1988年、1995年、2002年、2007年、2013年CHIP样本人口数代表性验证

单位:户、人

年份	指标	本部分样本量 农村	本部分样本量 城镇	统计局样本量 农村	统计局样本量 城镇	本部分样本量/统计局样本量(%) 农村	本部分样本量/统计局样本量(%) 城镇
1988	户数	9 903	8 884	67 186	34 945	14.74	25.42
1988	人口数	49 430	31 310	329 211	136 286	15.01	22.97
1995	户数	7 974	6 931	67 340	35 520	11.84	19.51
1995	人口数	34 634	21 689	303 030	113 664	11.43	19.08
2002	户数	9 200	6 835	68 190	45 317	13.49	15.08
2002	人口数	37 969	20 632	279 579	135 951	13.58	15.18
2007	户数	13 000	10 000	68 190	59 305	19.06	16.86
2007	人口数	51 837	29 553	272 760	171 985	19.00	17.18
2013	户数	10 551	6 866	160 000		10.89	
2013	人口数	39 421	20 339	—	—		

资料来源:统计局样本量来自国家统计局官方网站。

3.2 相关定义

3.2.1 收入定义

1. 市场收入

理解收入差距的产生机制先要厘清家庭收入的形成过程。家庭成员收入形成的起点是市场收入，也被称为要素收入（factor income），即家庭成员通过提供生产要素在市场上获得的报酬，包括工资性收入、经营净收入和财产净收入。

工资性收入和经营净收入是家庭成员提供劳动得到的回报，而财产净收入则是提供资本得到的报酬（如股息红利等）。

市场收入反映了初次收入分配的结果，因此也被称为初次收入（primary income）。

2. 可支配收入

2012年之前，国家统计局住户调查的城镇部分使用可支配收入的概念，而农村部分则使用纯收入的概念。

其中，农民纯收入虽然与可支配收入有一定的区别，但是差异不大，在此我们把农民纯收入等同于可支配收入的概念。

可支配收入指调查户可用于最终消费支出和储蓄的总和，即调查户可以用来自由支配的收入。

可支配收入既包括现金，也包括实物收入。按照收入的来源，可支配收入包含工资性收入[1]、经营净收入[2]、财产净收入[3]、转移性收入、自有住房折算租金。其计算公式为：

---

[1] 工资性收入指就业人员通过各种途径得到的全部劳动报酬和各种福利，包括受雇于单位或个人、从事各种自由职业、兼职和零星劳动得到的全部劳动报酬和福利。

[2] 经营净收入指住户或住户成员从事生产经营活动所获得的净收入，是全部经营收入中扣除经营费用、生产性固定资产折旧和生产税净额（生产税减去生产补贴）之后得到的净收入。

[3] 财产净收入指住户或住户成员将其所拥有的金融资产和自然资源交由其他机构单位、住户或个人支配而获得的回报并扣除相关的费用之后得到的净收入。财产净收入包括利息净收入、红利收入、储蓄性保险净收益和转让承包土地经营权租金净收入等。

可支配收入=工资性收入+经营净收入+财产净收入+转移性收入+自有住房折算租金

其中：经营净收入=经营收入-经营费用-生产性固定资产折旧-生产税净额（生产税-生产补贴）

财产净收入=财产性收入-财产性支出

本书定义中的工资性收入等于家庭成员从单位或雇主得到的实物产品和服务折价与实物福利报销所得之和。

经营净收入为全部经营收入扣除经营费用、生产性固定资产折旧和生产税净额之后得到的净收入。

国家统计局2013年的财产净收入中去除了生活性贷款利息支出[①]，这种做法与以往年份的CHIP做法不一致，也不准确。因此，本书将生活性贷款利息支出加入财产净收入中。此外，2013年国家统计局的财产净收入包括了居民家庭的自有住房折算租金，由于以往年份CHIP数据中的自有住房折算租金并不包括在财产净收入中，为统一各年份数据的比较标准，我们在数据处理时剔除了2013年财产净收入中的自有住房折算租金。剔除方法：用自有住房的市场价估值减去购买时的原值，然后按照50年折算，即每年的自有住房折算净租金为现住房市场估值与原值的差价的1/50。因此，CHIP定义的财产净收入等于国家统计局的财产净收入加生活性贷款利息支出，再减去自有住房折算租金。

3. 转移性收入

转移性收入指国家、单位、社会团体对住户的转移支付和企业与住户之间以及住户与住户之间的经常性收入转移。转移性收入主要包括政府、非行政事业单位、社会团体发放给居民的养老金或离退休金、社会救济和补助、政策性生活补贴、救灾款、经常性捐赠和赔偿以及报销医疗费等；住户之间的赡养收入、捐赠收入以及农村地区外出务工的从业人员寄回或

---

① 生活性贷款利息支出的大小等于2013年住户债务余额乘以贷款利率0.0615。

带回收入等。①

其中，养老金或退休金包括离退休人员的养老金或离退休金、生活补贴，农民享有的新型农村养老保险金，城镇居民享有的社会养老保险金，国家或地方政府给予城镇无保障老人的养老金，因工致伤离退休人员的护理费、退休人员异地安家补助费、取暖补贴、医疗费、旅游补贴、书报费、困难补助以及在原工作单位所得的各种其他收入，相当于现金的购物卡券也包含在内，但不包括行政事业单位人员未缴纳任何社会保险费而获得的离退休金。

社会救济和补助指国家、机关企事业单位、社会团体和个人对各类特殊家庭、人员提供的特别津贴，包括国家对享受城镇居民最低生活保障待遇的家庭发放的最低生活保障金，对农村五保户发放的五保救助金，国家和社会及机构单位对特殊困难家庭给予的困难补助、扶贫款、救灾款，国家或机构单位向由于失去工作能力或意外死亡等原因而失去工作的职工或其遗属定期发放的抚恤金等。

政策性生活补贴指根据国家的有关规定，中央财政、各级地方财政给予家庭的相关政策性生活补贴，既包括家电下乡和以旧换新等家电补贴、能源补贴、给农村寄宿制中小学生的生活补贴等，也包括其他低价或免费提供的实物产品和服务，如廉租房。

报销医疗费指参加新型农村合作医疗、城镇职工基本医疗保险、（城镇）居民基本医疗保险的居民在购买药品、进行门诊治疗或住院治疗之后，从社保基金或单位报销的医疗费。报销医疗费包括使用社保卡进行医疗服务付费时直接扣减的由社保基金支付的部分，从商业医疗保险获得报销的医疗费不包括在内。行政事业单位人员未缴纳任何社会保险费而获得的报销医疗费也不包括在内，而计入工资性收入中。

---

① 转移性收入还包括其他经常性收入转移，如经常性捐赠收入、经常性赔偿收入、失业保险金、亲友搭伙费等。经常性捐赠收入指住户从他人、组织、社会团体处得到的经常性捐献或赠送收入。这种捐赠收入带有义务性和经常性，不包括遗产及一次性馈赠收入、婚丧嫁娶礼金所得、压岁钱等。捐赠收入与赡养收入的区别：赠送是对本住户的成员无赡养义务的其他住户或个人给本住户及其成员的现金。本住户成员内部间的捐赠收入和赠送支出均不必记账。经常性赔偿收入指住户及其成员因受到财产损失、人身伤害、精神损失得到的国家、单位、个人定期支付的经常性赔偿，不包括一次性赔偿所得。

农村外出从业人员寄回或带回收入指农村地区（村委会）在外（含国外）工作的本住户非常住成员寄回或带回收入。

赡养收入指亲友因赡养和抚养义务经常性给予住户及其成员的现金和实物收入。

国家统计局的转移性收入指住户经常性的转移性收入，我们将其分为来自政府与非政府两类。来自政府的转移性收入包括养老金或离退休金、社会救济和补助、政策性生活补贴、报销医疗费、从政府和组织得到的实物产品和服务折价、现金政策性惠农补贴（退耕还林、粮食直补）；来自非政府的转移性收入包括家庭外出从业人员寄回或带回收入、赡养收入以及其他经常转移性收入（主要为经常性捐赠收入、经常性赔偿收入、失业保险金、亲友搭伙费等）。非经常性转移所得包括婚丧嫁娶礼金所得、遗产及一次性馈赠所得、一次性赔偿所得和提取住房公积金。为与以往年份CHIP做法相统一，本书将这些非经常性转移所得视为来自非政府的转移性收入。各年份之间分项转移性收入的对比见表3-4。

在经营净收入中，2002年流动人口为家庭经营收入，未扣除经营性成本，故调整为净收入；2007年农村使用家庭经营纯收入变量；2007年城镇该变量虽为经营性收入，但实际指的是经营净收入，与其他年份可比。

财产净收入：2002年城镇为财产性收入，2002年农村为股票红利、租金、利息之和，2002年流动人口为家庭财产收入，均未剔除财产性支出；2007年农村为家庭财产纯收入、2013年均为财产净收入；因此，2002年和2007年、2013年财产收入严格不可比，故将2002年城镇、农村流动人口的财产性收入均调整为净收入。2007年流动人口也应调整为净收入。

养老金或离退休金：2013年的该变量包含了四项：（1）离退休人员的养老金或离退休金、生活补贴；（2）农民享有的新型农村养老保险金；（3）（城镇）居民社会养老保险（国家或地方政府给予城镇无保障老人的养老金）；（4）其他养老金。而2007年城镇该项含义包括退休人员的养老金或退休金、离休人员的离休金、生活补贴、保姆津贴、因工致伤离退休人员的护理费、离退休人员异地安家补助费、取暖补贴、医疗费、旅游补贴、书报费、困难补助以及在原工作单位所得的各种其他收入。实行医疗

表 3-4 不同年份转移性收入分项的变化

分项收入	农村 2002年	农村 2007年	农村 2013年	城镇 2002年	城镇 2007年	城镇 2013年	流动人口 2002年	流动人口 2007年	流动人口 2013年
工资性收入	√	√	√	√	√	√	√	√	√
经营净收入	√	√	√	√	√	√	√	√	√
财产净收入	√	√	√	√	√	√	√	√	√
转移性收入	√	√	√	√	√	√	√	√	√
来自政府的转移性收入									√
养老金或离退休金	√		√	√	√	√			√
社会救济收入			√	√	√	√			√
最低生活保障			√	√	√	√		√	√
医疗费报销			√			√			√
从政府得到的产品服务折价			√			√			√
退耕还林补贴			√			√			√
粮食直接补贴			√			√			√
其他惠农补贴			√			√			√
赔偿金				√	√				√

第 3 章 数据与定义

续表

分项收入	农村 2002年	农村 2007年	农村 2013年	城镇 2002年	城镇 2007年	城镇 2013年	流动人口 2002年	流动人口 2007年	流动人口 2013年
失业保险				√	√				
政策性补贴	√		√		√	√		√	√
从集体公益金得到的收入	√								
从各级政府和集体得到的其他货币收入	√			√	√				
记账补贴				√	√				
来自非政府的转移性收入	√		√	√	√	√			√
辞退金	√		√	√	√				
保险收入	√			√	√	√			√
赡养收入			√	√	√	√	√	√	√
捐赠收入									
外出从业人员寄回或带回收入									
住房公积金								√	√
其他转移性收入						√			√

制度改革的单位直接支付给个人或单位报销的医疗费、用医疗基金（医保卡）支付的医疗保健费用、相当于现金的购物卡等也都包括在内。2007年的养老金或离退休金不包括2013年的第（2）项、第（3）项，为使两年数据可比，只取2013年养老金或离退休金的第（1）项、第（4）项。

社会救济收入：2002年为过录数据，变量名中未提是否包括低保；2007年、2013年的社会救济收入中均去除了低保。从各级政府和集体得到的其他货币收入包括救济款和老年人补助金。

政策性生活补贴：2007年流动人口此项为政府发放的其他各类补助，包括政府对各类特殊家庭、人员提供的除最低生活保障金和失业救济金以外的特别津贴。2013年此项为中央财政、各级地方财政给予家庭的相关政策性生活补贴，不仅包括家电下乡和以旧换新等家电补贴、能源补贴、给农村寄宿制中小学生的生活补贴等，也包括其他低价或免费提供的实物产品和服务，如廉租房。

记账补贴：2002年农村该变量名为调查补贴，2002年和2007年的城镇均为记账补贴。

赡养收入：除了2007年的农村和2002年的流动人口样本，其他年份都包括赡养收入，但2007年的流动人口中还包括了赠送收入。

捐赠收入：2002年农村、流动人口指亲友间的婚丧嫁娶礼金收入。

外出从业人员寄回或带回收入：2002年农村该变量名为"由外出非常住人口汇回或带回的收入"。

其他转移性收入：2007年城镇此项的含义为家庭从除上述各项收入以外得到的其他转移性收入，如亲友搭伙费，单位发放的抚恤金，军人的转业费、复员费，各种有奖彩票的中奖收入等，打牌、捡拾所得等也记入此项。2007年流动人口此项包括辞退金、赔偿收入、保险理赔款收入、亲友搭伙费、提取住房公积金。2013年此项指住户从除上述各项转移性收入以外得到的其他经常性转移收入，如经常性捐赠收入、经常性赔偿收入、失业保险金、亲友搭伙费等。各年份的其他转移性收入不可比。

4. 自有住房折算租金的估计

CHIP2013自有住房折算租金（以下简称折算租金或租金）的估计，沿用CHIP2007的估计方法。CHIP2007在估计自有住房折算租金时，同时对CHIP2002进行了估计。本书按CHIP2007方法，可使CHIP自有住房折算租金估计方法在最近三轮调查之间保持可比。

CHIP2007给出折算租金的两个估计值：基本估计值（base estimates）和替代估计值（alternate estimates），前者为基于市场租金（market rent）的估计，而后者则是基于收益率法（rate of return）的估计。但因资料的限制，利用市场租金估计仅限于城镇住户，至于农村住户，即使是缺少市场租金的信息，基本估计值时也使用了按收益率的估计值。流动人口住户自有住房市场租金的估计，数据可利用性较城镇和农村住户有一定的区别，估计方法也略复杂，详细估计参见Sato等（2013）。

以下简单介绍两种估计办法的基本内容。基于市场租金法对自有住房折算租金的估计公式如下：

$$R = R^M - C - I \qquad (3-1)$$

基于收益率法的估算公式则为：

$$R = i(V - M) - C - D - I \qquad (3-2)$$

式中字母的含义分别是：

R：待估计的自有住房折算租金，为净值；R^M：住户报告的市场租金收入，即如果自有住房在市场出租时能够得到的租金额，包含维修成本和房贷利息的总租金额；C：维修成本；I：按揭贷款利息支出；V：自有住房的市场价值；M：住房贷款余额；i：长期借贷利率，2007年估计时使用30年国债利率；D：折旧。但因数据的缺失，Sato等（2013）经过充分讨论之后，CHIP2007市场租金法和收益率法的公式分别简化如下：

$$R = R^M \qquad (3-3)$$

$$R = iV \qquad (3-4)$$

也就是说，由于缺少必要信息，在两种自有租房折算租金估计上，均忽视了按揭贷款、维修成本、折旧以及房贷利息支出等因素。30年国债利率2002年为3.2028%、2007年为4.3625%。2013年30年国债发行，能够找到的有两期，即十九期和二十五期①，分别于当年9月和12月发行，发行量分别为260亿元和240亿元，利率分别为4.76%和5.05%。二者的加

---

① 资料来源：中华人民共和国财政部国库司。

权平均（即 4.8992%）用于本估计。与上次同样，折旧率取 1%，住房贷款利率为 30 年长期国债利率外加两个百分点，即 6.8992%。

3.2.2 其他定义

1. 住户类型

（1）城镇住户：指户主为非农业户口（包括改为居民户口时的户口性质是非农业户口），包括本地非农业户口（包括改为居民户口时的户口性质是非农业户口）和外地非农业户口（包括改为居民户口时的户口性质是非农业户口）。

（2）农村住户：指户主为农业户口（包括改为居民户口时的户口性质是农业户口），而且户口所在地是现住的乡镇（街道）内。

（3）外来务工住户：指户主为农业户口（包括改为居民户口时的户口性质是农业户口），而且户口所在地是现住的乡镇（街道）外。

2. 地区类型

本书定义的东部、中部、西部三大地区涉及的具体省份如下：

（1）东部地区包括北京市、天津市、河北省、辽宁省、广东省、海南省、上海市、江苏省、浙江省、福建省、山东省。

（2）中部地区包括山西省、吉林省、黑龙江省、安徽省、江西省、河南省、湖北省、湖南省。

（3）西部地区包括陕西省、内蒙古自治区、重庆市、四川省、贵州省、云南省、甘肃省、青海省、宁夏回族自治区、广西壮族自治区、西藏自治区、新疆维吾尔自治区。

第4章 权重构建

4.1 需要什么样的权重？

在对样本进行权重调整使其对总体具有代表性时，可供调整的维度很多。以 CHIP 样本为例，当 CHIP 样本在性别、年龄、教育、民族等人口属性以及在地区属性上与全国人口不一致时，均可通过权重调整，让样本结构与总人口构成一致。但实际上，在多维属性上对样本进行权重调整并不多见，原因之一是数据的缺失。在这种情况下，权重调整仅限于某种研究者认为重要的属性上。此外，样本权重有针对个人的权重（individual weights）和针对户的权重（household weights），本书仅讨论个人权重，主要原因是没有流动人口户数的数据可以利用。

在一些分层抽样调查中，样本人群组的抽样比例很可能与全国人群组的实际比例不一致，因此需要对样本人群组的人口权重进行调整。CHIP 正是如此，它采用分层抽样的方法抽取了城镇、农村、流动人口样本，每类人群又可按照地区（东、中、西部）或省份做进一步划分。本研究构建了一系列权重，以使 CHIP 样本的人群组比例具有全国代表性。

从历史上看，在估计居民收入不平等指数时，CHIP 数据仅限于在地区的层面对样本进行权重调整，并采取两种地域分类方法：城乡划分和东、中、西部三大地区划分。权重调整时考察此两种地域划分方法的根据在于城乡收入差距悬殊以及东、中、西部三个地区之间收入差距较大的现实。另外，在对样本进行城乡调整时，除了城镇人口和农村人口两个人群外，又增加了流动人口的群体。也就是说，在对样本进行城乡权重调整时，考虑了三个人群组，即具有城镇户口的城镇人口、农村人口以及流动人口，而不是仅仅考虑城镇和乡村两个人群组。此处的流动人口为在城镇中居住 6 个月以上且来自农村的群体，不包括城镇到城镇以及农村到农村的流动人口。在考察城乡权重时把流动人口作为独立的人群组予以考虑，原因在于，流动人口不仅在收入水平和收入来源等方面有别于城镇和农村人口，日益增加的重要性也使该人群不容忽视。

在城乡和地区的基础之上，权重调整是否进一步考虑省份，各年份CHIP数据的做法并不一致。因CHIP从未涵盖过所有的省份，在考虑了城乡和地区之后，权重调整进一步考虑省份（使样本省之间样本的比例与相同省份之间人口的比例一致）并不能保证调整之后的样本一定更具有代表性，但一般而言，考虑省份的权重更能反映样本省份的相对人口规模。为此，以下的讨论以不含省份的权重为主，但介绍同时考虑样本省份人口的权重构建方法。

因是否考虑省份，我们的权重可分为两类①：

第一，城乡加地区权重：城乡权重与地区权重的交叉权重，即每个地区再区分农村、城镇和流动人口，简称城乡加地区权重。

第二，城乡加地区加省份权重：城乡权重、地区权重、与省份权重的交叉权重，即在城乡加地区权重基础上，再划分出各地区中的样本省份比重，简称城乡加地区加省份权重。

为了构建以上权重，除了需要分城乡和分地区的人口总数之外，还需要东、中、西部三大地区中每个地区分农村人口、城镇人口和流动人口的信息，即同时分城乡和分地区的人口数，此时全国人口数被划分9组（即3地区×3户籍）。我们的权重设计以全体CHIP样本（包括农民工）为对象。

4.2 哪些数据可用于构建权重变量？

权重的构建需要使用调查数据中每一类样本人口的全国人口数。国家统计局会定期公布中国分地区、分省的城镇、农村人口数，但并未公布相应省份的流动人口数。国家统计局的某些出版物提供了不同规模的流动人口数，根据这些统计数据，我们构建了反映较高、中等、较低流动人口规

---

① 该两类权重针对的是2002年、2007年和2013年的数据。由于1988年和1995年的数据中没有流动人口，我们仅采用城乡权重调整人口结构。其中，1988年的城镇、农村人口分别为28661万人、82365万人；1995年的城镇、农村人口分别为35174万人、85947万人。

模的三类权重。以下介绍构建权重所使用的人口数据。

4.2.1 城镇、农村常住人口数据

《中国统计年鉴2008》和《中国统计年鉴2014》分省提供了2007年、2013年农村和城镇的人口数，由此可以加总得到各个地区的农村和城镇人口数。《中国统计年鉴2003》提供了2002年全国整体的城乡人口数，却没有提供城乡人口的分省数据。参照以往年份CHIP研究的做法[①]，我们以2000年人口普查资料中的分省城乡人口比重代替2002年的城乡人口构成，即2002年样本分地区城乡权重设计反映的是2000年人口普查中的城乡比例。2002年、2007年、2013年全国人口的城乡构成如表4-1所示。

4.2.2 流动人口的规模

1.《中国统计年鉴》中的流动人口规模

《中国统计年鉴》中提供的城镇人口数包括城镇户籍人口和流动人口的城镇常住总人口。城镇户籍人口和流动人口二者未能区分开，因此，我们需要估计全国流动人口总数及其分地区数，然后从城镇常住人口数中去掉流动人口后才能得到城镇户籍人口数。这是下面需要讨论的主要内容。

《中国统计年鉴2014》提供了人户分离人口与流动人口的数据，其中人户分离指居住地和户口登记地所在乡镇街道不一致且离开户口登记地半年以上的人口，而流动人口则是人户分离人口中去除市辖区内人户分离之后的人口。

如表4-2所示，2013年人户分离人口为2.89亿人，流动人口则为2.45亿人。另外还可以发现，流动人口占城镇人口的比重在2000—2005年、2010—2013年几乎没有发生太大变化，但在2005—2010年发生了较大跳跃，因此，这两个区间的数据是否存在可比性，值得怀疑。我们使用2005年和2010年两年的数据，通过直线法对2007年流动人口人数进行了

---

① 李实，[日] 佐藤宏，[加] 史泰丽：《2002年和2007年CHIP调查：样本、权重以及城镇、农村和流动人口综合样本》，载于《中国收入差距变动分析——中国居民收入分配研究Ⅳ》，人民出版社2013年版，第513—533页。

表 4-1 全国及分地区城乡人口构成

单位:%

年份	地区	农村人口	城镇人口	合计
2002	全国	63.08	36.92	100.00
	东部	20.86	18.11	38.96
	中部	22.19	10.72	32.91
	西部	20.04	8.09	28.13
2007	全国	54.21	45.79	100.00
	东部	17.79	22.06	39.85
	中部	18.80	13.41	32.21
	西部	17.61	10.33	27.94
2013	全国	45.77	54.23	100.00
	东部	15.31	26.17	41.48
	中部	15.85	15.64	31.49
	西部	14.60	12.43	27.03

资料来源：2002年数据来自《中国2000年人口普查资料（上册）》第4—9页"表1-1a 省、自治区、直辖市的户数、人口数和性别比（城市）""表1-1b 省、自治区、直辖市的户数、人口数和性别比（镇）""表1-1c 省、自治区、直辖市的户数、人口数和性别比（乡村）"。城镇人口数为城市与镇的人口数加总。2007年数据来自《中国统计年鉴2008》第89页"表3-4 各地区人口的城乡构成（2007）"；2013年数据来自《中国统计年鉴（2014）》第30页"表2-7 分地区人口的城乡构成和出生率、死亡率、自然增长率"。全国人口数由分省人口数加总而得。

注：城乡人口构成为分地区城乡人口数与全国总人口数的比值。分地区人口数为该地区中各省人口数的加总。

估计，结果是1.77亿人。《中国统计年鉴2014》并未公布2002年的流动人口规模，一种解决办法是用2000年的流动人口规模代替2002年数值，另一种是通过2000年和2005年流动人口数预测2002年的流动人口规模。考虑到2000年与2005年流动人口占城镇人口的比重变化不大，这里用2000年的流动人口规模近似替代2002年的规模，计算出的流动人口规模为1.21亿人。

表 4-2　《中国统计年鉴 2014》中的流动人口规模

年份	绝对数（亿人）		流动人口占比（%）	
	人户分离人口	流动人口	占全国人口	占城镇人口
2000	1.44	1.21	9.55	26.36
2005		1.47	11.24	26.15
2010	2.61	2.21	16.48	33.00
2011	2.71	2.30	17.07	33.30
2012	2.79	2.36	17.43	33.15
2013	2.89	2.45	18.01	33.51

资料来源：《中国统计年鉴 2014》第 26 页"表 2-3　流动人口数"。

与我们的需要相比，该数据的缺陷在于城镇到城镇的流动人口、农村到农村的流动人口与农村到城镇的流动人口混合在一起，因此无法知道其中的农村到城镇的人口数。另外，该资料来源仅仅提供了流动人口的全国合计数，缺少分地区数据。

2. 人口普查资料中的人户分离人口信息

十年一次的人口普查和中间年份的 1% 人口抽样调查提供了更为详细的人口流动信息。例如，2010 年人口普查出版物分省给出了按现住地、户口登记地类型分的户口登记地在外乡镇街道人口，其中的现住地首先区分为省，然后各省又进一步区分为城市、镇和乡村，而户口登记地类型分为乡、镇的村委会、镇的居委会和街道等几类。

对现住地为城市和镇且户口登记地类型为乡和镇的村委会的人口进行加总，即是我们所需要的从农村（由户口登记地决定）到城镇（由现住地决定）的流动人口。如此计算，实际上假定户口登记地为乡和镇的村委会的人口属于城乡划分中的乡村（或农村）人口，而户口登记地为街道和镇的居委会的人口属于城乡划分中的城镇人口。在严格意义上，这一假定并不成立。根据国家统计局关于城乡划分的规定，登记地为乡的人口基本为城乡划分中的乡村人口，同样，登记地为街道和镇的居委会的人口，基本为城乡划分中的城镇人口。至于户口登记地为镇的村委会人口，其绝大多数应为乡村，但也有一小部分因城区和镇的扩展而成为或进入城乡接合部或城区（但在一段时间内仍然使用村委会名称）的村委会，在每年城乡划分变更中将被划分为城镇。遗憾的是，由于资料的限制，我们无法得知镇的村委会中多少属于城镇、多少属于农村。为此，如上所述，我们假定户口登记地为镇的村委会的人口，全部属于城乡划分中的乡村人口，这一假定可能略微高估从农村到城镇的流动人口规模。与2010年同样，2005年1%人口抽样调查出版物也给出了相似的人户分离信息。

《中国2000年人口普查资料》分省给出了按现住地、户口登记地类型分的户口登记地在外乡镇街道人口，与2010年人口普查类似，现住地首先区分为省，然后各省又进一步区分为城市、镇和乡村。与2010年人口普查资料不同的是，户口登记地类型只细分到省内的乡镇街道和"省外"。对户口登记地在"省外"的迁移人口来说，我们无法知道其属于城镇人口还是农村人口。但该数据至少可以提供各省人户分离人口中现住地在城镇、农村的人口比例（见表4-3）。此外，2000年人口普查在长表抽样数据中分省提供了按现住地、迁出地类型分的人户分离人口。其中，现住地类型只详细到省，但迁出地类型细分到乡、镇的村委会、镇的居委会、街道。其中，人户分离人口的迁出地类型为乡和镇的可视为农村人口，再结合表4-4中迁移人口去往城镇和农村的比例，就可得到我们需要的分地区流动人口比例。

表4-3 2000年人户分离人口现住地的城乡类型

单位：%

现住地	现住地类型		
	城镇	农村	合计
全国	78.57	21.43	100.00
东部	45.16	10.88	56.05
中部	17.53	5.09	22.62
西部	15.88	5.46	21.33

资料来源：《中国2000年人口普查资料（上册）》第727—729页"表7-1a 全国按现住地、户口登记地分的人口（城市）""表7-1b 全国按现住地、户口登记地分的人口（镇）""表7-1c 全国按现住地、户口登记地分的人口（乡村）"。

表4-4 2000年按现住地、迁出地类型分的人户分离人口

单位：人

现住地	迁出地类型		
	乡	镇的村委会	合计
全国	3 583 406	3 732 832	7 316 238
东部	1 643 847	2 456 901	4 100 748
中部	899 554	602 190	1 501 744
西部	1 040 005	673 741	1 713 746

资料来源：《中国2000年人口普查资料（下册）》第1797—1812页"表7-3 全国按现住地、迁出地类型分的人口"。

表4-4展示了从乡和镇的村委会迁出的人户分离人口（7 316 238人），该数值乘以表4-3中现住地为城镇的人户分离人口比例（78.57%）即为从农村到城镇的流动人口规模。表4-3中的人户分离人口可以按现住地划分到东、中、西部三大地区，因此流动人口总量也可以按该比例划分到各个地区。

《中国2000年人口普查资料》长表数据还提供了全国抽样总人口和城镇人口[1]，由此可以求得流动人口占总人口和城镇人口的比重（见表4-5）。该比重乘以2000年的实际全国人口总量即可估算出表4-5中的实际流动人口总量[2]。

根据2005年1%人口抽样调查和2000年、2010年人口普查出版物提供的人户分离的信息，表4-5计算并显示从农村到城镇的流动人口规模。

---

[1] 资料来源：《中国2000年人口普查资料（中册）》第792—797页，从"表1-1 省、自治区、直辖市的户数、人口数和性别比""表1-1a 省、自治区、直辖市的户数、人口数和性别比（城市）""表1-1b 省、自治区、直辖市的户数、人口数和性别比（镇）"得知2000年抽样全国总人口为118 067 424人、城镇总人口为458 770 983人。城镇人口=城市人口数+镇人口数。

[2] 资料来源：《中国2000年人口普查资料（上册）》第2页"表1-1 省、自治区、直辖市的户数、人口数和性别比"，2000年全国实际总人口为1 242 612 226人。

表 4-5 人口抽样调查和人口普查的流动人口规模

年份	地区	流动人口相对数（%）占总人口比重	流动人口相对数（%）占城镇人口比重	流动人口总数（亿人）
2000	全国	4.87	13.34	0.6
	东部	2.8	7.67	0.35
	西部	1.09	2.98	0.13
	中部	0.98	2.69	0.12
2005	全国	5.64	12.57	0.72
	东部	3.72	8.29	0.48
	西部	0.93	2.07	0.12
	中部	0.99	2.2	0.13
2010	全国	10.08	20.53	1.34
	东部	6.14	12.5	0.82
	西部	1.85	3.77	0.25
	中部	2.1	4.27	0.28

资料来源：2005年流动人口相对数的分母来自与流动人口统计口径相同的全国人口数和城镇人口数，其中的全国人口数来源《2005年全国1%人口抽样调查资料》第2页第一卷"表1-1 各地区的户数、人口数和性别比"；城镇人口数为城市人口与镇人口之和，其中，城市人口数来自《2005年全国1%人口抽样调查资料》第4页，第一卷"表1-1a 各地区的户数、人口数和性别比（城市）"；镇人口数来自《2005年全国1%人口抽样调查资料》第6页第一卷"表1-1b 各地区的户数、人口数和性别比（镇）"。分子来自《2005年全国1%人口抽样调查资料》第728页第十二卷"表12-6 全国按现住地、户口登记地类型分的迁移人口"，具体见表5中的2005年流动人口绝对数。

2010年流动人口相对数的分母来自与流动人口统计口径相同的全国人口数和城镇人口数，其中的全国人口数来自《中国2010年人口普查资料（中册）》第682页第二部分，长表数据资料第一卷概要"表1-1 各地区户数、人口数和性别比"；城镇人口数等于城市人口与镇人口的合计，其中的城市人口数来自《中国2010年人口普查资料》中册第684页第二部分，长表数据资料第一卷概要"表1-1a 各地区户数、人口数和性别比（城市）"；镇人口数来自《中国2010年人口普查资料》中册第686页，第二部分，长表数据资料第一卷概要"表1-1b 各地区户数、人口数和性别比（镇）"。分子来自《中国2010年人口普查资料（下册）》第2117页第二部分，长表数据资料第七卷，迁移和户口登记地，"表7-1 全国按现住地、户口登记地类型分的户口登记地在外乡镇街道人口"，具体见表5中的2010年流动人口绝对数。

表4-5中的流动人口总数等于流动人口相对数乘以全国总人口。2005年全国总人

口来自《中国统计年鉴2006》第100页"表4-3 各地区人口数和出生率、死亡率、自然增长率（2005年）"；2010年全国总人口来自《中国统计年鉴2011》第95页"表3-4 各地区总人口和出生率、死亡率、自然增长率（2010年）"。

表4-5中流动人口的定义为现住地为城市和镇，迁出地类型为乡和镇的村委会的人口。

3. 国家统计局农民工监测调查数据

国家统计局每年公布的《全国农民工监测调查报告》（以下简称农民工调查）中提供了农村外出务工人员的信息。农民工调查是通过输出地（即农村）对农村外出劳动人口的调查，即其调查对象为农民工。在该调查中，农民工指的是户籍仍在农村，在本地从事非农产业或外出从业6个月及以上的劳动者。农民工被划分为两类：外出农民工和本地农民工，其中本地农民工是指在户籍所在乡镇地域内从业的农民工，而外出农民工则是在户籍所在乡镇地域外从业的农民工。农民工统计与《中国统计年鉴》中城乡人口统计的关系是，本地农民工为农村常住人口，包括在城乡人口统计中的农村人口当中，外出农民工则因其在城镇居住6个月以上而被计算成城镇人口。外出农民工与我们想要估计的流动人口在概念上是一致的。就估计农村到城镇的流动人口而言，本数据资料有一定的缺陷：其一，它仅仅包括从业的流动人口，而不包括未从业的流动人口；其二，该数据资料缺少分地区农民工资料，因此无法分地区估计流动人口数。该数据资料给出的分地区外出农民工数为分地区农民工的输出人数，而与我们所需要的分地区流入的人口数恰好相反。表4-6给出《全国农民工监测调查报告》的农民工相关数据。

表4-6 《全国农民工监测调查报告》中农民工人数及相关计算

单位：万人、%

年份	农民工总数	本地农民工	外出农民工			流动人口数		
^	^	^	住户中外出农民工	举家外出农民工	加总	总数	占全国人口比重	占全国城镇人口比重
	a	b	c	d	e	f	g	h
2007						14 656	11.1	24.2
2008	22 542	8 501	11 182	2 859	14 041	15 185	11.4	24.3

续表

年份	农民工总数	本地农民工	外出农民工 住户中外出农民工	外出农民工 举家外出农民工	外出农民工 加总	流动人口数 总数	流动人口数 占全国人口比重	流动人口数 占全国城镇人口比重
	a	b	c	d	e	f	g	h
2009	22 978	8 445	11 567	2 966	14 533	15 719	11.8	24.4
2010	24 223	8 888	12 264	3 071	15 335	16 563	12.4	24.7
2011	25 278	9415	12 584	3 279	15 863	17 175	12.7	24.9
2012	26 261	9 925	12 961	3 375	16 336	17 686	13.1	24.8
2013	26 894	10 284	13 085	3 525	16 610	18 020	13.2	24.6

资料来源：a～e 来源于国家统计局《2013 年全国农民工监测调查报告》。f 中的 2008—2013 年数据根据（c+d）×1.4 计算，其中的 1.4 为农村住户劳动力负担数（即家庭人口数与家庭劳动力数的比率），2007 年值为 2008—2013 年数据对年份回归后得到的预测值。

4. 盛来运（2008）使用的农村外出务工劳动力

盛来运在《流动还是迁移——中国农村劳动力流动过程中的经济学分析》中展示了我国 1985—2005 年农村外出务工劳动力数量。农民外出务工的目的地主要集中在城镇，因此该书中的农村外出务工劳动力可近似看成我们需要的流动人口。表 4-7 显示，2002 年农村外出务工劳动力总量为 10470 万人，其中举家外出劳动力为 2350 万人。举家外出劳动力未包括随迁的非从业家属，这部分人群需要补充。农村住户调查中给出了农村家庭的劳动力负担人口数指标（即家庭成员总数除以家庭从业人员数），把该数乘以举家外出农民工数，即可得到举家外出农民工家庭的外出人口总数，其中不仅包括从业人员，也包括非从业人员。根据《中国农村住户调查年鉴 2003》可知①，2002 年农村劳动力负担人口为 1.5，据此计算的举家外出农民工家庭人口总数为 3520 万人，该数与家庭中外出农民工数（10470-2350＝8120 万人）相加，即为我们所要估算的流动人口，计算结果约为 1.16 亿人。

---

① 国家统计局住户调查办公室编：《中国农村住户调查年鉴 2003》，中国统计出版社 2002 年版，第 241 页"各地区农村居民家庭基本情况表"。

表 4-7 1985—2005 年农村外出务工劳动力比重

年份	外出劳动力比重（%）	乡村劳动力总量（万人）	农村外出务工劳动力（万人）	其中：举家外出劳动力（万人）
1985	2.2	37 065	800	
1986	2.4	37 990	900	
1987	2.7	39 000	1 050	
1988	3.1	40 067	1 250	
1989	3.7	40 939	1 500	
1990	4.3	42 010	1 800	
1991	5.0	43 093	2 140	
1992	5.9	43 802	2 592	
1993	6.2	44 256	2 752	
1994	6.5	44 654	2 888	
1995	6.7	45 042	3 000	
1996	7.5	45 288	3 400	
1997	8.5	45 962	3 890	
1998	10.6	46 432	4 936	
1999	11.2	46 897	5 240	
2000	15.8	47 962	7 600	
2001	18.8	48 229	9 050	
2002	21.6	48 527	10 470	2 350
2003	23.3	48 971	11 390	2 430
2004	23.8	49 695	11 823	2 470
2005	24.1	50 387	12 578	2 540

资料来源：盛来运：《流动还是迁移——中国农村劳动力流动过程的经济学分析》，上海远东出版社 2008 年 8 月第 1 版，第 72—73 页。

4.2.3 流动人口的地区构成

以上就流动人口的全国规模进行了讨论。根据所要构建的权重，除了全国规模的流动人口外，我们还需要分东、中、西部三个地区的流动人口数，由此方能构建城乡加地区权重。

与全国流动人口信息相比，分地区流动人口的资料来源更少。以上所述《年鉴》与农民工监测调查数据虽然提供了全国流动人口数据，但没有分地区的流动人口可供利用。① 与这两个资料来源不同，上述人口普查（包括1%人口抽样调查）提供了按流入地区分的流动人口信息。如上所述，无论是2005年1%人口抽样调查，还是2010年人口普查，均提供了按现住地、户口登记地类型分的户口登记地在外乡镇街道人口数，其中的现住地是按省区分的，就此对现住地的省分地区进行加总即可得到分地区流动人口数，表4-8给出了相应的计算结果。

表4-8 分地区流动人口规模

	绝对数（人）	地区构成（%）
（2005年）		
全国	957 525	100.00
东部	631 745	65.98
西部	157 947	16.50
中部	167 833	17.53
（2010年）		
全国	12 840 185	100.00
东部	7 814 081	60.86
西部	2 355 608	18.35
中部	2 670 496	20.80

注：地区构成为流动人口总数中东、中、西部的比重。

---

① 农民工监测调查数据分东、中、西部给出了按输出地划分的外出农民工数，而不是我们所需要的按流入地划分的东、中、西部流动人口数。

4.3 几种可供选择的权重

基于以上讨论的流动人口规模及其地区构成的数据，我们可以构建不同的权重，以此考察收入水平和基尼系数的估计对不同权重的敏感程度。

我们找到了三种不同资料来源的流动人口规模：

第一，全国人口普查（包括1%人口抽样调查）提供的流动人口规模（具体计算参见前文），其规模最小，可视为流动人口规模的最低值，以下将其简称权重一。[1]

第二，利用《全国农民工监测调查报告》和盛来运（2008）估计的流动人口数，以下简称权重二，在规模上，它高于上述根据人口普查的计算结果，但小于下述《年鉴》的结果。

第三，《中国统计年鉴》中公布的流动人口规模，以下简称权重三，它包括了城镇到城镇、农村到农村的流动人口，因此会高估全国实际从农村到城镇的流动人口数量，为三种权重的最高值。

三种权重的规模与详细定义参见表4-9。

表4-9 不同权重的流动人口数

单位：亿人

权重	2002年	2007年	2013年	注释
权重一	0.63	0.7324	1.3665	数据来自2005年1%人口抽样调查和2000年、2010年人口普查。2002年、2007年、2013年分别使用由2000年人口普查、2005年1%人口抽样调查、2010年人口普查数据得到的流动人口相对总人口比重；全国总人口分别采用《中国统计年鉴2003》《中国统计年鉴2008》和《中国统计年鉴2014》公布的2002年、2007年、2013年全国总人口数。流动人口数=流动人口相对总人口比重×全国总人口

---

[1] 流动人口规模本身并不是权重，但因我们所要计算的权重依赖于流动人口的规模，故在此以流动人口的规模区分权重。

续 表

权重	2002年	2007年	2013年	注释
权重二	1.16	1.4656	1.8020	数据来自农民工监测调查。2007年为预测数,预测方法见正文。2002年数据来自盛来运(2008)
权重三	1.21	1.7660	2.4500	数据来自《中国统计年鉴2014》。2007年数据根据2005年、2010年的流动人口数并使用直线法估计得到。2002年的流动人口规模用2000年的流动人口规模近似替代

根据流动人口规模的计算结果,我们计算出了城乡权重、地区权重、城乡加地区权重、城乡加地区加省份权重,其中的地区权重不受流动人口规模变化的影响(见表4-10、表4-11)。

表4-10 城乡权重

年份	指标	权重	农村人口	城镇人口	流动人口	全国
2002	绝对数(亿人)	权重一	7.84	3.96	0.63	12.43
		权重二	7.84	3.42	1.16	12.43
		权重三	7.84	3.38	1.21	12.43
	构成(%)	权重一	63.08	31.89	5.03	100
		权重二	63.08	27.55	9.37	100
		权重三	63.08	27.18	9.74	100
2007	绝对数(亿人)	权重一	7.04	5.22	0.73	12.99
		权重二	7.04	4.48	1.47	12.99
		权重三	7.04	4.18	1.77	12.99
	构成(%)	权重一	54.21	40.16	5.64	100.00
		权重二	54.21	34.51	11.28	100.00
		权重三	54.21	32.20	13.59	100.00

续 表

年份	指标	权重	农村人口	城镇人口	流动人口	全国
2013	绝对数（亿人）	权重一	6.20	5.98	1.37	13.55
		权重二	6.20	5.55	1.80	13.55
		权重三	6.20	4.90	2.45	13.55
	构成（%）	权重一	45.77	44.15	10.08	100.00
		权重二	45.77	40.93	13.30	100.00
		权重三	45.77	36.15	18.08	100.00

表 4-11 地区权重

指标	地区	2002	2007	2013
绝对数（亿人）	东部	4.84	5.18	5.62
	中部	4.09	4.18	4.27
	西部	3.50	3.63	3.66
	全国	12.43	12.99	13.55
构成（%）	东部	38.96	39.85	41.48
	中部	32.91	32.21	31.49
	西部	28.13	27.94	27.03
	全国	100.00	100.00	100.00

注：地区权重不因流动人口规模而异。

根据表 4-10 和表 4-11，我们可以计算不同规模的分地区分户籍人口数（见表 4-12、表 4-13、表 4-14）。表 4-12、4-13、4-14 中的数值为计算城乡加地区权重时使用的分母。

表 4-12 城乡加地区人口数——权重一

年份	指标	地区	农村人口	城镇户籍人口	流动人口	全国
2002	绝对数（亿人）	东部	2.59	1.89	0.36	4.84
		中部	2.76	1.19	0.14	4.09

续 表

年份	指标	地区	农村人口	城镇户籍人口	流动人口	全国
		西部	2.49	0.88	0.13	3.5
		全国	7.84	3.96	0.63	12.43
	构成（%）	东部	20.86	15.21	2.89	38.96
		中部	22.19	9.6	1.12	32.91
		西部	20.04	7.07	1.02	28.13
		全国	63.08	31.89	5.03	100
2007	绝对数（亿人）	东部	2.31	2.38	0.48	5.18
		中部	2.44	1.62	0.12	4.18
		西部	2.29	1.21	0.13	3.63
		全国	7.04	5.22	0.73	12.99
	构成（%）	东部	17.79	18.34	3.72	39.85
		中部	18.80	12.48	0.93	32.21
		西部	17.61	9.34	0.99	27.94
		全国	54.21	40.16	5.64	100.00
2013	绝对数（亿人）	东部	2.07	2.71	0.83	5.62
		中部	2.15	1.87	0.25	4.27
		西部	1.98	1.40	0.28	3.66
		全国	6.20	5.98	1.37	13.55
	构成（%）	东部	15.31	20.03	6.14	41.48
		中部	15.85	13.79	1.85	31.49
		西部	14.60	10.33	2.10	27.03
		全国	45.77	44.15	10.08	100.00

注：权重一为对应流动人口规模一的权重。

表 4-13 城乡加地区人口数——权重二

年份	指标	地区	农村人口	城镇户籍人口	流动人口	全国
2002	绝对数（亿人）	东部	2.59	1.58	0.67	4.84
		中部	2.76	1.07	0.26	4.09
		西部	2.49	0.77	0.24	3.50
		全国	7.84	3.42	1.16	12.43
	构成（%）	东部	20.86	12.72	5.39	38.96
		中部	22.19	8.63	2.09	32.91
		西部	20.04	6.20	1.89	28.13
		全国	63.08	27.55	9.37	100.00
2007	绝对数（亿人）	东部	2.31	1.90	0.97	5.18
		中部	2.44	1.50	0.24	4.18
		西部	2.29	1.08	0.26	3.63
		全国	7.04	4.48	1.47	12.99
	构成（%）	东部	17.79	14.61	7.44	39.85
		中部	18.80	11.55	1.86	32.21
		西部	17.61	8.35	1.98	27.94
		全国	54.21	34.51	11.28	100.00
2013	绝对数（亿人）	东部	2.07	2.45	1.10	5.62
		中部	2.15	1.79	0.33	4.27
		西部	1.98	1.31	0.37	3.66
		全国	6.20	5.55	1.80	13.55
	构成（%）	东部	15.31	18.07	8.09	41.48
		中部	15.85	13.20	2.44	31.49
		西部	14.60	9.66	2.77	27.03
		全国	45.77	40.93	13.30	100.00

注：权重二为对应流动人口规模二的权重。

表 4-14　城乡加地区权重——权重三

年份	指标	地区	农村人口	城镇户籍人口	流动人口	全国
2002	绝对数（亿人）	东部	2.59	1.55	0.70	4.84
		中部	2.76	1.06	0.27	4.09
		西部	2.49	0.76	0.24	3.50
		全国	7.84	3.38	1.21	12.43
	构成（%）	东部	20.86	12.51	5.60	38.96
		中部	22.19	8.55	2.17	32.91
		西部	20.04	6.12	1.97	28.13
		全国	63.08	27.18	9.74	100.00
2007	绝对数（亿人）	东部	2.31	1.70	1.17	5.18
		中部	2.44	1.45	0.29	4.18
		西部	2.29	1.03	0.31	3.63
		全国	7.04	4.18	1.77	12.99
	构成（%）	东部	17.79	13.09	8.97	39.85
		中部	18.80	11.17	2.24	32.21
		西部	17.61	7.94	2.38	27.94
		全国	54.21	32.20	13.59	100.00
2013	绝对数（亿人）	东部	2.07	2.05	1.49	5.62
		中部	2.15	1.67	0.45	4.27
		西部	1.98	1.17	0.51	3.66
		全国	6.20	4.90	2.45	13.55
	构成（%）	东部	15.31	15.16	11.00	41.48
		中部	15.85	12.32	3.32	31.49
		西部	14.60	8.67	3.76	27.03
		全国	45.77	36.15	18.08	100.00

注：权重三为对应流动人口规模一的权重。

本书在附录同时给出了城乡×地区×省份人数，其中省份包括全国31个省份，该数据可以用来生成城乡×地区×省份权重，权重中的省份应当仅仅包括样本省份，而不应包括所有省份。使用附录数据生成城乡×地区×（样本）省份权重，应满足两个条件：其一，城乡×地区的样本构成应与相应的人口构成相同；其二，城乡×地区包括9个地区（3个城乡×3个地区），每个地区内部的样本构成应与相应省份的人口构成相同。例如，东部地区有11个省份，但CHIP2013样本中的东部省份只有5个，因此城乡×地区×省份权重只适用于这5个样本省份。经过权重调整，我们可以保证以下两点：第一，样本数据中东部地区在全国总人口中的份额和其内部的农村/城镇/流动人口结构应与相应全国数据中的实际份额和结构相同；第二，5个样本省份中，每个省的农村/城镇/流动人口结构应与该省全国数据中的实际结构相同。

4.4 权重构建方法

本部分介绍如何运用上述全国人口信息和CHIP样本数据来构建权重。首先，解释如何运用CHIP样本中的个人层面数据构建个人层面研究所需的城乡加地区权重。其次，介绍如何运用CHIP样本中的住户层面数据构建个人层面研究要使用的城乡加地区权重。再次，讨论个人层面研究所需的城乡加地区加省份权重构建方法。最后，介绍住户层面研究所需的相应权重的构建方法。

4.4.1 运用以个人为观测值的样本构建个人层面研究所需的户籍加地区权重

构建权重的过程中，令每个人属于一个"类别"，即地区（东部、中部、西部）×户籍（农村、城镇、流动人口）9类，例如东部农村、中部城镇等。如果不考虑省内权重，则"类别k"中个人i的权重w_i^k为：

$$w_i^k = \frac{N^k}{n^k} \tag{4-1}$$

其中，N_k、n_k分别为"类别k"的全国人口数、样本人口数。

式（4-1）也可以写为：

$$w_i^k = \left(\frac{N^k \times n}{n^k \times N}\right) \times \frac{N}{n} = \frac{S^k}{s^k} \times \frac{N}{n}$$

其中，$S^k = \frac{N^k}{N}$表示类别k人口占全国人口N的比例，$s^k = \frac{n^k}{n}$表示来自类别k的样本占全部样本n的比例。由于$\frac{N}{n}$对所有类别都是一样的，对大部分研究来讲，该因子可以删除不用，权重可以简单地用各类别人口占全国人口的比重与其在样本总人口中的比重之比来表示，即：

$$w_i^k = \frac{S_k}{s_k} \qquad (4\text{-}1)^*$$

调整权重时采用式（4-1）和式(4-1)*都能使某类人口的样本比重等于其全国比重。差别在于，使用式（4-1），调整后的样本人数总和等于全国人口总数；使用式（4-2），调整后的样本人口总数不变，只是其中不同类别人口的比重发生了变化，变成与全国相应比重一致。本书提供基于式（4-1）的权重调整方法。

与以往的 CHIP 不同，2013 年国家统计局提供了一系列省内住户权数。虽然国家统计局并未对省内权重的构建方法提供太多解释，但大致来说，该权数反映了省内样本户抽样比（或样本户入样概率）的倒数。事实上，当我们将国家统计局省内权重应用到 CHIP 样本中，调整后的样本省内城乡结构并不与上文讨论过的全国相应比重一致。我们在此介绍该权重。

当使用以个人为观测值的样本数据时，每个人的国家统计局省内权重等于其所在户的省内权重。包含了省内权重的"类别k"中个人i的权重w_i^k可表示为：

$$w_i^k = NBSweight_i \times \frac{N^k}{n^k} \qquad (4\text{-}2)$$

需要注意的是，国家统计局省内权重$NBSweight_i$只适用于 2013 年，不能将其推广到之前年份的 CHIP 数据中使用。

4.4.2 运用以户为观测值的样本构建个人层面研究所需的户籍加地区权重

一些 CHIP 数据以户为观测值，如果住户中每个人的数据都相同，那么住户层面数据也可以用来做个人层面的研究。比如，如果假设收入和消费在家庭成员之间是平均分配的，那么住户数据就可以用来估算家庭的人均消费或者人均可支配收入的基尼系数。

以户为观测值，且不考虑省内权重的话，则"类别 k"中个人 i 的权重为：

$$w_i^k = nhh_i \times \frac{N^k}{n^k} \tag{4-3}$$

其中 nhh_i 为个人 i 的家庭的人口数。N^k 为"类别 k"的全国人口数，n^k 为样本"类别 k"中每户人数 nhh_i 之和。需要注意的是，式（4-3）为使用住户层面数据计算人均收支水平和人均可支配收入基尼系数时使用的权重，如果使用个人层面数据，则需使用式（4-1）而不需考虑式（4-3）。

家庭人口数 nhh_i 可通过多种方式计算：一种方法是将 CHIP 数据中的每户家庭成员人数求和。例如，按 CHIP 数据中每户行数之和计算家庭人口数，即户码相同的有几行，该户就有几人。另一种方法是直接使用国家统计局过录住户数据中的家庭常住人口变量作为每户人数 nhh_i。该变量代表的家庭人口数有小数，例如，许多家庭的常住人口为 4.75、4.25 人等，这反映出国家统计局将没有全年都在住户内居住的家庭成员也计算到了家庭人口数中。计算家庭人口规模的关键在于如何处理那部分没有全年在户居住的家庭成员。这里强调两点：首先，家庭人口规模的衡量标准在不同年份之间应确保一致。2013 年，国家统计局改变了未全年在户居住人口的测算标准，因此 2013 年之前国家统计局提供的家庭人口数变量测算标准与 2013 年及之后年份的并不一致。其次，对未全年在户居住人口数的处理也影响着家庭总收入的测算，因为如果某一个家庭成员未包括在家庭人口数中，那么他/她的收入也应从家庭总收入中去除。

如果使用住户层面数据且考虑省内权重，则权重调整公式为：

$$w_i^k = NBSweight_i \times nhh_i \times \frac{N^k}{n^k} \qquad (4\text{-}4)$$

其中，$NBSweight_i$、nhh_i 表示个人 i 所在户的省内权重及家庭人口数。N^k 为"类别 k"的全国人口数，n^k 为样本"类别 k"中每户的省内权重与每户人数乘积（$NBSweight_i \times nhh_i$）之和。

4.4.3 运用个人样本构建个人层面研究所需的户籍加地区加省份权重

以上权重变量的生成公式，在地区分类上仅仅考虑城乡和地区，但未考虑省份，以下简单介绍考虑样本省的个人权重的计算公式。不考虑省内权重时，地区加户籍加省份的个人权重 $v_i^{p,k}$（即以人为观测值的权重）的生成公式为：

$$v_i^{p,k} = \frac{N^{p,k}_{adjust}}{n^{p,k}} \qquad (4\text{-}5)$$

其中，$v_i^{p,k}$ 表示第"类别 k"中（例如东部地区的城市人口）第 p 个省第 i 个人的权重。$n^{p,k}$ 表示"类别 k"中省 p 的样本人口数。由于"类别 k"中的样本省份不一定包含了现实中的所有省份（例如，东部地区有 11 个省，但样本只包括 5 个省），这里用 $N^{p,k}_{adjust}$ 表示调整后的"类别 k"中省 p 的全国人口数，调整公式为：

$$N^{p,k}_{adjust} = N^{p,k} \times \frac{N^k}{\sum_{p=1}^{m} N^{p,k}} \qquad (4\text{-}5)^*$$

其中，$N^{p,k}$ 表示"类别 k"中省 p 的实际全国人口数，$\sum_{p=1}^{m} N^{p,k}$ 表示"类别 k"中样本包含的 m 个省份的全国人口数之和，N^k 表示"类别 k"中所有省份的全国人口数之和。

与反映地区、户籍人口比例的权重构建公式类似，如果考虑省内权重，"类别 k"中省 p 的个人 i 的权重为：

$$v_i^{p,k} = NBSweight_i \times \frac{N^{p,k}_{adjust}}{n^{p,k}} \qquad (4\text{-}6)$$

如果使用住户层面数据（即使用数据以户为观测值）做个人层面的研究，且不考虑省内权重，权重调整公式为：

$$v_i^{p,k} = nhh_i \times \frac{N^{p,k}_{adjust}}{n^{p,k}} \tag{4-7}$$

如果使用住户层面数据做个人层面的研究，且考虑省内权重，权重调整公式为：

$$v_i^{p,k} = NBSweight_i \times nhh_i \times \frac{N^{p,k}_{adjust}}{n^{p,k}} \tag{4-8}$$

4.4.4 住户权重变量的生成方法

以上介绍了个人层面权重变量的生成办法，它适用于以个人为单位的分析和计算（注意：与以个人为观测值的数据不同），如果以住户为单位进行分析的话，则需要住户层面的权重变量。以下介绍户籍权重的生成办法。与上述个人层面权重变量的生成办法类似，"类别 k" 中住户 j 的权重调整公式为：

$$w_j^k = \frac{H^k}{h^k} \tag{4-9}$$

其中，H^k 为 "类别 k" 的全国户数，h^k 为样本 "类别 k" 中每户数之和。

如果考虑省内权重，则权重调整公式为：

$$w_j^k = NBSweight_j \times \frac{H^k}{h^k} \tag{4-10}$$

其中，$NBSweight_j$ 表示户 j 的省内权重。

住户层面研究所需的户籍加地区加省份相应权重调整公式为：

$$v_j^{p,k} = \frac{H^{p,k}_{adjust}}{h^{p,k}} \tag{4-11}$$

和

$$v_j^{p,k} = NBSweight_j \times \frac{H^{p,k}_{adjust}}{h^{p,k}} \tag{4-12}$$

其中：

$$H^{p,k}_{adjust} = H^{p,k} \times \frac{H^k}{\sum_{p=1}^{m} H^{p,k}} \quad (4-13)$$

户籍权重的构建需要分地区分户籍的全国住户数 H^k 以及分地区分户籍分省的全国住户数 $H^{p,k}$，但遗憾的是，国家统计局并未公布相应数据。因此，我们无法计算住户层面的权重。分析住户层面问题需要估算 H^k 和 $H^{p,k}$，一种途径是通过 CHIP 样本数据估算每个类别（地区 × 户籍）中的平均每户人口数，然后用该类人口的全国人数 N^k 除以平均每户人口数，就得到了 H^k 的估计值。

4.4.5 计算程序中以个人为单位分析的权重构建步骤

以上介绍了各种权重的计算公式，生成权重变量时的具体步骤如下：

第一，选取样本数据，可以是个人层面数据，也可以是住户层面数据。

第二，将每一类人群的全国人口数变量 N_k（适用于地区加户籍权重构建）、$N^{j,k}_{adjust}$（适用于地区加户籍加省份权重构建）合并到选取的样本上。

第三，计算每类别人口的样本人数之和 n^k、$n^{j,k}$。n^k、$n^{j,k}$ 的计算取决于估计样本。

第四，按照上述公式构建权重变量。其中公式（4-1）—（4-4）适用于地区加户籍权重构建、公式（4-5）—（4-8）适用于地区加户籍加省份权重构建。

4.5 居民收入水平与基尼系数的估计值：权重的影响有多大？

使用上述构建的权重，我们对 2002 年、2007 年、2013 年 CHIP 数据的人口收入水平及其基尼系数进行估计，借此考察不同权重对收入水平和基尼系数估计值的影响。家庭收入是按照国家统计局收入定义估算的 2002

年、2007年和2013年的家庭收入。家庭人口数根据户码（被调查住户的编码）相同的观测值行数之和计算而得。表4-15分全国、农村和城镇给出了人均可支配收入的估计值，并计算了城镇和农村的人均可支配收入比值，即所谓的收入城乡差。从表4-15中可以看出，权重对人均可支配收入水平的影响并不大，换句话说，人均可支配收入水平对权重并不敏感，这一点对全国、农村和城镇都一样。

表4-15 人均可支配收入全国、农村和城镇收入绝对数以及城乡收入比

单位：元、%

2002年	城乡加地区权重			城乡加地区加省份权重			国家统计局
	权重一	权重二	权重三	权重一	权重二	权重三	
全国	4 752	4 670	4 663	4 731	4 625	4 616	
农村	2 879	2 879	2 879	2 809	2 809	2 809	2 476
城镇（不包括流动人口）	8 163	8 112	8 107	8 211	8 052	8 036	7 703
流动人口	6 609	6 609	6 609	6 768	6 768	6 768	
城镇（包括流动人口）	7 951	7 731	7 712	8 014	7 726	7 701	
城乡收入比（不包括流动人口）	2.84	2.82	2.82	2.92	2.87	2.86	3.10
城乡收入比（包括流动人口）	2.76	2.69	2.68	2.85	2.75	2.74	
2007年	权重一	权重二	权重三	权重一	权重二	权重三	国家统计局
全国	9 923	9 838	9 803	10 070	9 878	9 795	
农村	4 332	4 332	4 332	4 235	4 235	4 235	4 140
城镇（不包括流动人口）	16 541	16 296	16 170	17 058	16 610	16 369	13 786
流动人口	16 539	16 539	16 539	16 397	16 397	16 397	
城镇（包括流动人口）	16 541	16 356	16 280	16 977	16 558	16 378	

续表

2007年	城乡加地区权重			城乡加地区加省份权重			国家统计局
	权重一	权重二	权重三	权重一	权重二	权重三	
城乡收入比（不包括流动人口）	3.82	3.76	3.73	4.03	3.92	3.87	3.33
城乡收入比（包括流动人口）	3.82	3.78	3.76	4.01	3.91	3.87	

2013年	城乡加地区权重			城乡加地区加省份权重			国家统计局
	权重一	权重二	权重三	权重一	权重二	权重三	
全国	19 314	19 015	18 571	18 798	18 542	18 161	18 311
农村	9 847	9 847	9 847	9 872	9 872	9 872	8 896
城镇（不包括流动人口）	28 694	28 551	28 293	27 519	27 394	27 168	
流动人口	21 215	21 215	21 215	21 132	21 132	21 132	
城镇（包括流动人口）	27 303	26 753	25 933	26 331	25 858	25 156	26 955
城乡收入比（不包括流动人口）	2.91	2.9	2.87	2.79	2.77	2.75	
城乡收入比（包括流动人口）	2.77	2.72	2.63	2.67	2.62	2.55	3.03

资料来源：2013年国家统计局全国居民人均可支配收入、城镇居民可支配收入、农村居民人均纯收入来自《中国统计年鉴2014》第156页"表6-1 全国居民人均收支情况"、第158页"表6-4 城乡居民人均收入及恩格尔系数"。2007年数据来自《中国统计年鉴2008》第315—316页"表9-1 人民生活基本情况"。2002年数据来自《中国统计年鉴2003》第341页"表10-1 人民生活水平状况"。国家统计局公布的城乡住户收入统计中，没有就流动人口进行独立计算，其中的城镇居民收入统计，2012年之前基本缺少流动人口样本，但自2013年实施城乡统一一体化住户调查之后，则涵盖了城镇中的流动人口。家庭收入是按照国家统计局收入定义估算的2002年、2007年和2013年的家庭收入。家庭人口数根据户码相同的观测值行数之和计算而得。

但是，与国家统计局公布的数据相比，在2007年，CHIP数据的人均可支配收入高出国家统计局公布的数据，城镇人均可支配收入尤其如此。

在2013年，CHIP数据的人均可支配收入估计值更接近国家统计局公布的数据。从城乡收入比（城镇人均可支配收入与农村人均可支配收入的比率）看，CHIP数据所显示的城乡收入差距的缩小（即城乡收入比下降）较国家统计局更为明显。这一点十分重要。如下所述，2007年和2013年，以全国人均可支配收入的基尼系数衡量的全国收入差距出现了显著下降的趋势，其主要原因在于城乡收入差距的缩小，与全国不同，同期农村内部收入差距和城镇内部收入差距均呈上升的趋势。因此，城乡收入差距估计值的下降与否以及下降幅度，直接左右这一时期全国收入不平等的变化方向和大小。

把根据城乡加地区权重与城乡加地区加省份权重的估计结果比较可知，后者所显示的城乡收入比在2007年和2013年的下降幅度较前者更多，且二者大于国家统计局的估计值，从接近统计局城乡收入比估计值的角度来说，城乡加地区权重更可取一些。

表4-16给出了不同权重下的人均消费的估计值，并与国家统计局公布的相应数据进行了比较。家庭消费是直接从国家统计局过录的、未经调整的消费数据，也就是按照国家统计局消费定义估算的2007年和2013年的家庭消费。家庭人口数根据户码相同的观测值行数之和计算而得。由于国家统计局提供的消费和家庭人口数变量并不完全准确，我们推荐了使这些变量在不同年份间可比并且符合国际经验的估算方法。从表4-16可以看出，和收入同样，权重对人均消费支出估计值的影响不大。另外，与收入数据相比，CHIP数据的人均消费支出水平更接近国家统计局公布的人均消费支出。

表4-16　人均消费全国、农村和城镇收入绝对数以及城乡消费比

单位：元、%

2002年	城乡加地区权重			城乡加地区加省份权重			国家统计局
	权重一	权重二	权重三	权重一	权重二	权重三	
全国	3 406	3 321	3 314	3 374	3 273	3 264	
农村	1 897	1 897	1 897	1 838	1 838	1 838	1 834
城镇（不包括流动人口）	6 211	6 169	6 164	6 222	6 115	6 104	6 029.88

续表

2002年	城乡加地区权重			城乡加地区加省份权重			国家统计局
	权重一	权重二	权重三	权重一	权重二	权重三	
流动人口	4 534	4 534	4 534	4 577	4 577	4 577	
城镇（包括流动人口）	5 982	5 754	5 735	5 998	5 724	5 701	
城乡收入比（不包括流动人口）	3.27	3.25	3.25	3.39	3.33	3.32	3.29
城乡收入比（包括流动人口）	3.15	3.03	3.02	3.26	3.11	3.10	
2007年	权重一	权重二	权重三	权重一	权重二	权重三	国家统计局
全国	6 764	6 659	6 615	6 851	6 665	6 586	
农村	3 317	3 317	3 317	3 235	3 235	3 235	3 224
城镇（不包括流动人口）	10 962	10 811	10 734	11 310	11 012	10 850	9 997
流动人口	10 013	10 013	10 013	9 854	9 854	9 854	
城镇（包括流动人口）	10 846	10 615	10 520	11 131	10 726	10 554	
城乡收入比（不包括流动人口）	3.31	3.26	3.24	3.5	3.4	3.35	3.1
城乡收入比（包括流动人口）	3.27	3.2	3.17	3.44	3.32	3.26	
2013年	权重一	权重二	权重三	权重一	权重二	权重三	国家统计局
全国	13 685	13 446	13 089	13 291	13 084	12 778	13 220
农村	7 729	7 729	7 729	7 616	7 616	7 616	6 626

续表

2013年	城乡加地区权重			城乡加地区加省份权重			国家统计局
	权重一	权重二	权重三	权重一	权重二	权重三	
城镇 (不包括流动人口)	19 863	19 763	19 582	19 025	18 920	18 731	
流动人口	13 676	13 676	13 676	13 942	13 942	13 942	
城镇 (包括流动人口)	18 712	18 271	17 613	18 079	17 699	17 134	18 023
城乡收入比 (不包括流动人口)	2.57	2.56	2.53	2.5	2.48	2.46	
城乡收入比 (包括流动人口)	2.42	2.36	2.28	2.37	2.32	2.25	2.72

资料来源：2013年国家统计局全国、城镇农村居民人均消费来自《中国统计年鉴2014》第156页"表6-1 全国居民人均收支情况"、第159页"表6-5 城镇居民人均收入与支出"、第165页"表6-12 农村居民人均收入与支出"。2007年数据来自《中国统计年鉴2008》第315—316页"表9-1 人民生活基本情况"。2002年数据来自《中国统计年鉴2003》第341页"表10-1 人民生活水平状况"。国家统计局公布的城乡住户收入统计中，没有就流动人口进行独立计算，其中的城镇居民收入统计，2012年之前基本缺少流动人口样本，但自2013年实施城乡统一一体化住户调查之后，则涵盖了城镇中的流动人口。家庭消费是直接从国家统计局过录的、未经调整的消费数据，也就是按照国家统计局消费定义估算的2007年和2013年的家庭消费。家庭人口数根据户码相同的观测值行数之和计算而得。

表4-17给出了根据不同权重计算的人均可支配收入基尼系数，除全国之外，同时分城乡给出了基尼系数的估计值。其中收入变量直接从国家统计局过录而来，家庭人口数为同一住户中的家庭成员观测值个数之和。从表4-17中可以看出，无论是全国还是城镇，基尼系数估计值随流动人口规模的扩大而缩小，但幅度非常小。这一点是预料之中的。

从全国收入分布来看，流动人口处于中等收入水平。另外，当权重考察地区因素时，基尼系数略有上升，但仍然不明显。最重要的是，基尼系数的估计值对权重的选择并不敏感，换句话说，权重对居民收入不平等程度的估计值影响并不大。

表 4-17　不同权重人口收入基尼系数：全国、农村和城镇

	城乡加地区权重			城乡加地区加省份权重		
2002 年	权重一	权重二	权重三	权重一	权重二	权重三
全国	0.4475	0.4457	0.4456	0.4471	0.4420	0.4415
农村	0.3810	0.3810	0.3810	0.3645	0.3645	0.3645
城镇（不包括流动人口）	0.3226	0.3222	0.3222	0.3298	0.3257	0.3253
流动人口	0.3708	0.3708	0.3708	0.3556	0.3556	0.3556
城镇（包括流动人口）	0.3312	0.3377	0.3382	0.3348	0.3354	0.3354
2007 年	权重一	权重二	权重三	权重一	权重二	权重三
全国	0.4861	0.4818	0.4801	0.4911	0.484	0.4808
农村	0.3763	0.3763	0.3763	0.3638	0.3638	0.3638
城镇（不包括流动人口）	0.3453	0.3438	0.343	0.348	0.3447	0.3426
流动人口	0.2998	0.2998	0.2998	0.2942	0.2942	0.2942
城镇（包括流动人口）	0.3401	0.3335	0.3308	0.342	0.3331	0.329
2013 年	权重一	权重二	权重三	权重一	权重二	权重三
全国	0.4502	0.4482	0.4447	0.4399	0.4376	0.4339
农村	0.407	0.407	0.407	0.4005	0.4005	0.4005
城镇（不包括流动人口）	0.355	0.3546	0.3538	0.3471	0.3456	0.3428
流动人口	0.3499	0.3499	0.3499	0.3455	0.3455	0.3455
城镇（包括流动人口）	0.3592	0.3596	0.3595	0.3507	0.3502	0.3489

从 2002 年、2007 年和 2013 年基尼系数的变化上看，全国基尼系数下降显著，但农村和城镇的基尼系数均有上升趋势，由此可见，这一期间全国居民收入差距的缩小，完全来源于城乡收入比的缩小。关于城乡收入差距的缩小，上面已有论述。表 4-17 虽然同时给出了国家统计局公布的全国基尼系数，但从严格意义上讲，我们在此根据 CHIP 数据计算的基尼系数与国家统计局公布的基尼系数之间并不可比，原因是国家统计局在估计基尼系数时，使用个人所得税信息，对其住户调查缺少高收入样本进行了调整，而此处基于 CHIP 数据估计的基尼系数则没有进行此类调整。

无论是国家统计局公布的数据，还是根据 CHIP 数据的计算结果，

2002年、2007年、2013年全国居民收入不平等均呈缩小趋势，但是在幅度上，CHIP的数据要远远大于国家统计局的数据，其重要原因之一是上面提到的CHIP数据的城乡收入比下降幅度远远大于国家统计局公布的数据。与城乡×地区权重相比，城乡×地区×省份权重所产生的基尼系数估计值其下降幅度更大，仅仅根据这一点的话，城乡×地区权重更好一些。

综上，考虑到不同权重对人均可支配收入和不平等指数的影响以及各类流动人口规模估算方法的准确性，本书以城乡加地区权重中的权重二为基础来进行本书接下来的计算分析。此外，由于以往年份的CHIP数据中并没有省内权重这一变量，为了与以往年份相统一，我们在2013年的权重构建中也未使用省内权重。为考察这种做法对收入不平等指数估计结果的影响，我们计算调整了省内权重的基尼系数与人均收支水平，并与未考虑省内权重的计算结果进行了对比，发现是否使用国家统计局提供的住户省内权重对基尼系数的估算结果影响不大。具体对比结果见附表。

第5章

收入不平等变化的原因：人口结构的分析

本章我们关心的问题是，人口在城乡、地区、年龄、教育水平等结构性因素上的不平等对整体收入差距及其变化的影响。本章首先介绍按人群组分解不平等指数及其变化的研究方法，然后将样本人口按照城镇/农村、东部/中部/西部、年龄段、受教育程度分组，进而通过分解方法研究我国1988—2013年居民收入不平等的变动是由各人群组内部收入不平等程度的改变人群组之间收入差距的改变还是人群组人口结构变动导致的。

5.1 居民收入水平及收入差距的变化

本章利用1988年、1995年、2002年、2007年和2013年的CHIP数据，对我国这25年间居民收入水平及收入不平等的整体状况和变化趋势做了概要的描述和分析，从而为后面章节分析收入不平等变化的原因做铺垫。

5.1.1 全国整体的收入差距

本章展示了1988—2013年全国居民收入十等分组人群的人均可支配收入水平及不平等指数，并对我国这25年间的居民收入差距及变化趋势做整体性的概述（见表5-1、图5-1、表5-2）。

表5-1展示了全国居民从1988—2013年的人均可支配收入水平及增长率，从中可以看出，这25年间我国居民人均可支配收入实现了高速增长，2013年的全国人均可支配收入为1988年的26倍多，尤其以1988—1995年的收入增长最快，达到了232.81%。1995—2002年人

均可支配收入增长率为25年间最低。2002—2007年居民收入增长率回升，2013年又出现略微下降的趋势。

尽管如此，除1995—2002年的情况，我国居民人均可支配收入环比增长率都在100%以上。

表5-1　全国居民人均可支配收入及增长率

年份	人均可支配收入（元）	年份	增长率（%）
1988	728	—	—
1995	2 422	1988—1995	232.81
2002	4 462	1995—2002	84.22
2007	9 306	2002—2007	108.56
2013	18 958	2007—2013	103.73

注：增长率为环比增长率。

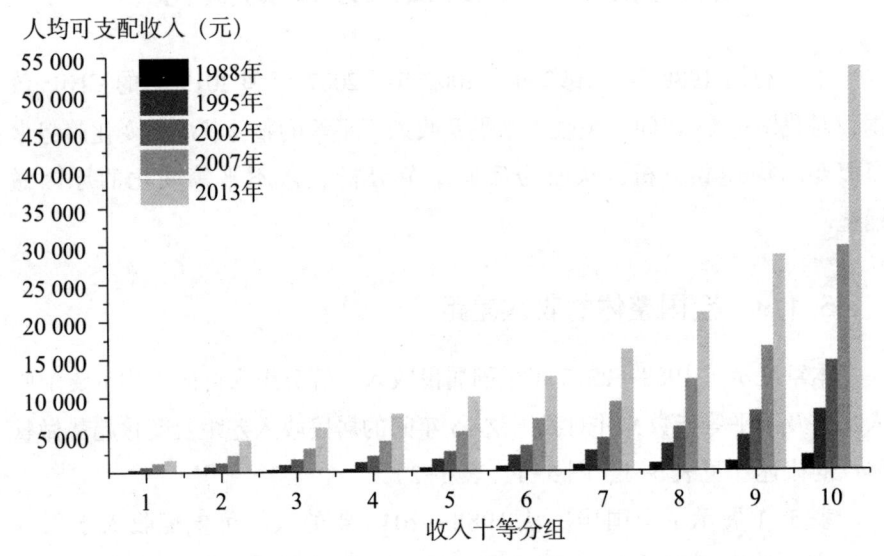

图5-1　1988—2013年不同分位数组人群的人均可支配收入

表 5-2 收入十等分组人群的人均可支配收入和增长率

十等分组	人均可支配收入（元）						增长率（%）			
	1988 年	1995 年	2002 年	2007 年	2013 年	1988—1995 年	1995—2002 年	2002—2007 年	2007—2013 年
1	164	418	788	1 280	1 692	154.88	88.52	62.44	32.19
2	310	789	1 336	2 371	4 316	154.52	69.33	77.47	82.03
3	403	1 056	1 776	3 229	5 988	162.03	68.18	81.81	85.44
4	495	1 352	2 249	4 187	7 782	173.13	66.35	86.17	85.86
5	603	1 734	2 801	5 405	9 948	187.56	61.53	92.97	84.05
6	742	2 236	3 525	7 042	12 556	201.35	57.65	99.77	78.30
7	918	2 861	4 505	9 225	16 133	211.66	57.46	104.77	74.88
8	1 114	3 665	5 883	12 130	20 941	228.99	60.52	106.19	72.64
9	1 367	4 782	7 951	16 436	28 544	249.82	66.27	106.72	73.67
10	2 121	8 085	14 515	29 698	53 414	281.19	79.53	104.60	79.86

注：增长率的计算方法为（本年收入－上年收入）/上年收入×100%，下同。

图 5-1 和表 5-2 给出了按照收入从低到高排序下收入十等分组人群的收入分布和增长状况。图 5-1 中每一收入组从左至右的柱形高度分别代表 1988—2013 年的该组人均可支配收入水平。从中可以看出，1988—2013 年各组人群的人均可支配收入都实现了明显的增长，但高收入人群收入的增长幅度明显高于低收入人群收入的上升幅度，且收入越高的人群其收入增长幅度也越大。例如，1988 年全国收入十等分组中最富裕 10% 人群的人均可支配收入为 2121 元，而到了 2013 年该群体人均可支配收入增加到 53414 元，是 1988 年的 25 倍多。而中等收入人群（十等分组中的第 5 组）的人均可支配收入从 1988 年的 603 元上升到 2013 年的 9948 元，增长了 15 倍多；最低收入 10% 人群的人均可支配收入从 1988 年的 164 元增加到 2013 年的 1692 元，增长了 9 倍多。这些数据表明，从 1988—2013 年这一较长时间范围来看，我国居民收入的增长速度随着收入水平的提高而增加，即越富裕的人群其收入水平增长得也越快。但其中也有例外，比如，相对于 2002—2007 年来说，除了十等分组中的第 2 组、第 3 组外，2007—2013 年其他各组的收入增长率均有所下降，这意味着高收入人群收入增长速度的放缓。此外，2007—2013 年，第 2 组到第 5 组人群的收入增长率高于第 6 组到第 10 组，这意味着中低收入人群的收入增速开始超越高收入人群。

表 5-3 展示了 1988—2013 年我国整体人均可支配收入一般熵指数中的平均对数离差（Mean Logarithmic Deviation）、泰尔指数（Theil Coefficient）、变异系数平方（Squared Coefficient of Variation）的一半以及收入分位数比率[①]。其中，"p90/p10 比率"表示收入分布中最高收入 10% 的高收入人群与最低收入 10% 的低收入人群的收入之比；"p50/p10 比率"表示中等收入人群与低收入人群的收入之比。从基尼系数和一般熵指数反映出的信息来看，1988—2007 年，我国人均可支配收入差距呈扩大趋势。其中，1988—1995 年，全国整体收入差距出现了较大幅度上升，2002—2007 年，收入不平等状况持续恶化。从收入分位数的变化来看，1988 年高收入人口的收入

---

① Wu 和 Perloff（2005）指出，基尼系数无法准确反映收入分布的实际情况。拥有相同基尼系数的两条洛伦兹曲线很可能形状完全不同，仅用单一的基尼系数刻画收入不平等很可能产生偏差。因此，本研究报告了估计收入分布不平等状况的多种指标，以便更全面地反映收入不平等的变动趋势。

是低收入人群的 5.83 倍，2013 年这一比率扩大到了近 10 倍，增长了约 68%。中等收入人群与低收入人群的收入之比从 2.35 倍增加到 3.48 倍，涨幅（约 48.1%）小于高收入人群。由此，整体收入不平等的上升可能是由于高收入人群收入的迅速提高造成的。

表 5-3　1988—2013 年全国居民收入不平等指数及变化率

指标	年份	平均对数离差	泰尔指数	变异系数平方/2	p90/p10 比率	p50/p10 比率
不平等指数	1988	0.2264	0.2253	0.3076	5.83	2.35
	1995	0.347	0.3303	0.4504	8.58	2.83
	2002	0.3572	0.3537	0.5095	8.66	2.77
	2007	0.4024	0.3762	0.5304	10.60	3.32
	2013	0.3655	0.3411	0.4998	9.79	3.48
变化率（%）	1988—1995	53.27	46.60	46.42	47.16	20.30
	1995—2002	2.94	7.08	13.12	0.90	-2.00
	2002—2007	12.65	6.36	4.10	22.44	19.70
	2007—2013	-9.17	-9.33	-5.77	-7.64	4.97

注：变化率的计算方法为（本年指数-上年指数）/上年指数×100%。p10、p50、p90 分别表示收入分布中 10%、50%、90%的分位数。

图 5-2 展示了 1988—2013 年我国居民收入不平等指数的变化趋势，从中可见，1988—2013 年我国居民收入的平均对数离差、泰尔指数、基尼系数三种不平等指标均呈现出先升高后下降的趋势。1988—2007 年我国居民收入不平等程度迅速加深，但 2007—2013 年收入不平等指标出现下降趋势。2013 年的人均可支配收入基尼系数和平均对数离差、泰尔指数均低于 2007 年相应水平，这标志着我国居民收入差距的缩小。这种收入不平等的变化趋势与国家统计局公布的基尼系数反映出的收入分配信息相吻合。

5.1.2　城乡之间的收入差距

本部分展示了 1988—2013 年我国农村、城镇居民的人均可支配收入水平及收入不平等指数的计算结果，并对我国城镇、农村内部以及城乡之间

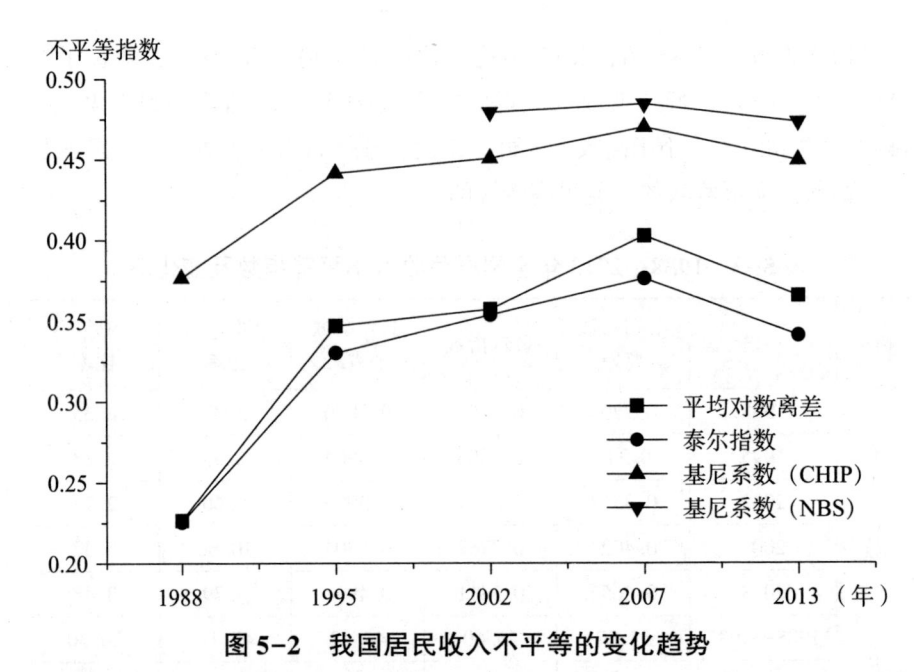

图 5-2 我国居民收入不平等的变化趋势

资料来源：平均对数离差、泰尔指数、基尼系数（CHIP）均根据 CHIP 数据计算而得；基尼系数（NBS）为国家统计局公布的基尼系数。

的收入差距做描述性的分析。其中城镇常住居民可以区分出城镇户籍人口和居住在城镇但持有农村户口的流动人口。

表 5-4 第 3 列到第 5 列展示了我国农村、城镇居民、流动人口从 1988—2013 年的人均可支配收入水平及增长率。从表 5-4 中可以看出，城镇居民的收入水平明显高于农村居民，流动人口收入几乎介于二者之间。25 年间，城镇、农村居民人均可支配收入均实现了较大幅度的增长，1988—1995 年的收入环比增长速度最快；流动人口人均可支配收入增速在 2007—2013 年明显放缓。2013 年，农村居民人均可支配收入约为 1988 年的 18.34 倍，而城镇居民的人均可支配收入从 1988 年的 1277 元增加到 2013 年的 28558 元，约增长了 21.36 倍。这说明 25 年来，城镇居民的收入增长速度快于农村居民。从城乡收入比来看，无论城镇人口收入数据中是否包括农民工，1988—2007 年城镇居民与农村居民人均可支配收入的比值一直在扩大，但 2007—2013 年出现了下降。这意味着我国 1988—2013 年

的城乡收入差距以2007年为界出现了先扩大后缩小的现象。流动人口收入高于农村居民收入，因此加入流动人口数据后，城乡收入差距更大。

表5-4 城乡居民人均可支配收入、城乡收入比及变化率

指标	年份	农村	城镇	流动人口	城乡收入比（不包括流动人口）	城乡收入比（包括流动人口）
人均可支配收入（元）	1988	537	1 277	—	2.38	2.38
	1995	1 565	4 515	—	2.88	2.88
	2002	2 621	7 919	6 685	3.02	5.57
	2007	4 334	16 295	16 540	3.76	7.58
	2013	9 849	28 558	20 761	2.90	5.01
变化率（%）	1988—1995	191.43	253.56	—	21.32	21.32
	1995—2002	67.48	75.39	—	4.73	93.14
	2002—2007	65.36	105.77	147.42	24.44	35.97
	2007—2013	127.25	75.26	25.52	-22.88	-33.90

注：CHIP流动人口调查从2002年开始，故1988年、1995年中没有流动人口数据。

以上分城乡展示了1988—2013年我国居民的人均可支配收入水平和城乡收入比的变化趋势，下面采用分析收入等分组收入份额变化的方法观察农村、城镇内部各个收入组居民的收入水平，以从另一个角度分析我国城乡内部的收入不平等程度及变化特点。表5-5给出了农村、城镇居民按人均可支配收入排序十等分组后每一组的收入份额。从中可以看出，农村收入较低的第1组到第4组人群在1995年和2013年的收入份额较低，而收入较高的第9组、第10组人群在这两年的收入份额有了明显升高，这说明农村收入差距的扩大发生在1995年和2013年。尤其是在2007—2013年，中低收入人群的收入份额明显降低，而最高收入20%的人群收入占比上升，这意味着收入不平等的加剧。考察城镇居民十等分组收入份额的变化，我们发现，以第6组为分界点，城镇中低收入人群的收入份额从1988—2013年一直呈下降趋势，而收入较高的第8组到第10组人群的收入份额则不断上升，这说明城镇内部的收入差距是不断扩大的。城镇人口中加入流动人口数据后，2002年和2007年低收入组的收入份额略微下降，而高收入组的收入份额有所上升；与之相反，2013年低收入组的收入份额升

高而高收入组的收入份额下降。这说明流动人口扩大了 2002 年、2007 年的城镇内部收入差距，却对 2013 年的城镇内部收入不平等起到改善作用。[①]

表 5-5　收入十等分组的收入份额变化（分城乡）

单位:%

地区	分组	1988 年	1995 年	2002 年	2007 年	2013 年
农村	1	2.3	2.1	2.5	2.6	1.5
	2	4.7	3.9	4.0	4.6	3.5
	3	5.9	5.1	5.1	5.7	4.6
	4	7.0	6.2	6.2	6.9	5.8
	5	8.0	7.3	7.3	8.0	7.0
	6	9.2	8.6	8.5	9.3	8.3
	7	10.5	10.1	10.0	10.6	10.2
	8	12.2	12.2	12.2	12.4	12.6
	9	15.0	15.6	15.7	15.1	16.6
	10	25.4	28.9	28.8	25.0	30.0
城镇（不包括流动人口）	1	4.3	3.7	2.7	2.9	2.1
	2	6.1	5.3	4.2	4.6	4.0
	3	7.1	6.3	5.2	5.7	5.2
	4	8.0	7.2	6.2	6.9	6.3
	5	8.8	8.2	7.5	7.9	7.4
	6	9.6	9.2	8.8	9.1	8.7
	7	10.6	10.5	10.2	10.5	10.2
	8	11.8	12.1	12.3	12.4	12.3
	9	13.6	14.6	15.6	15.2	15.9
	10	20.3	23.0	27.1	24.9	28.0

---

①　例如，2002 年收入较低的第 1 组、第 2 组城镇人口收入份额从不包括流动人口的 2.7%、4.2% 下降到包括流动人口的 2.6%、4.0%；而最高收入的第 10 组人口收入份额从 27.1% 上升到 27.8%。2007 年，第 1 组、第 2 组城镇人口收入份额从不包括流动人口的 2.9%、4.6% 下降到包括流动人口的 2.7%、4.4%；最高收入的第 9 组、第 10 组人口收入份额从 15.2%、24.9% 上升到 15.3%、25.0%。2013 年第 1 组、第 2 组城镇人口收入份额从不包括流动人口的 2.1%、4.0% 上升到包括流动人口时的 2.4%、4.6%；最高收入的第 9 组、第 10 组人口收入份额从 15.9%、28.0% 下降到 15.6%、26.6%。

续 表

地区	分组	1988 年	1995 年	2002 年	2007 年	2013 年
城镇（包括流动人口）	1	4.3	3.7	2.6	2.7	2.4
	2	6.1	5.3	4.0	4.4	4.6
	3	7.1	6.3	5.2	5.6	5.4
	4	8.0	7.2	6.3	6.8	6.7
	5	8.8	8.2	7.6	8.0	7.7
	6	9.6	9.2	8.6	9.3	8.8
	7	10.6	10.5	10.3	10.8	10.1
	8	11.8	12.1	12.1	12.4	12.1
	9	13.6	14.6	15.6	15.3	15.6
	10	20.3	23.0	27.8	25.0	26.6

注：分别按城乡按人均可支配收入排序分组。流动人口数据从 2002 年开始加入。

表5-6展示了1988—2013年我国城镇和农村的不平等指数和收入分位数比率，我们希望通过这些指标判断出城乡内部收入不平等的变化趋势。从中可以看出，农村的收入不平等程度一直高于城镇。平均而言，农村的平均对数离差和泰尔指数约是城镇的1.4倍。此外，由于巨大的城乡收入差距，农村和城镇的不平等指数均低于全国总体的相应值。不包括流动人口时，城镇的平均对数离差从0.0937上升到0.2172；泰尔指数从0.0976增长到0.2175，增长率均超过100%。农村的平均对数离差从0.1694变为0.2832，增长率约为67.2%；泰尔指数从0.1785变为0.2796，增长了约56.6%。可见，虽然收入不平等状况好于农村，但1988—2013年，城镇内部的不平等程度一直在升高，且升高速度快于农村。1995—2002年，农村的不平等指数出现了下降，但全国整体的不平等程度依然上升，这意味着21世纪初期我国城乡之间的收入差距更大了。1988年，城镇最高收入10%人群的收入是最低收入人群的2.75倍，到2013年，这一比率扩大到了5.26。总之，1988—2013年，我国城镇、农村内部的收入差距呈不断扩大的趋势，这意味着2007—2013年全国整体收入不平等程度的下降很可能是由城乡之间收入差距降低引起的。

表 5-6 城乡人均可支配收入的不平等

不平等指数	分组	1988 年	1995 年	2002 年	2007 年	2013 年
平均对数离差	农村	0.1694	0.2536	0.2332	0.2392	0.2832
	城镇（不包括流动人口）	0.0937	0.1345	0.1749	0.1998	0.2172
	城镇（包括流动人口）	0.0937	0.1345	0.1940	0.1888	0.224
泰尔指数	农村	0.1785	0.2558	0.2432	0.246	0.2796
	城镇（不包括流动人口）	0.0976	0.1421	0.1763	0.2048	0.2175
	城镇（包括流动人口）	0.0976	0.1421	0.1986	0.1965	0.2249
p90/p10 比率	农村	4.39	5.71	5.30	5.71	6.81
	城镇（不包括流动人口）	2.75	3.50	4.48	4.91	5.26
	城镇（包括流动人口）	2.75	3.50	4.63	4.66	5.44
p50/p10 比率	农村	2.18	2.45	2.32	2.45	2.71
	城镇（不包括流动人口）	1.67	1.84	2.16	2.25	2.35
	城镇（包括流动人口）	1.67	1.84	2.20	2.20	2.39

注：p10、p50、p90 分别表示收入分布中 10%、50%、90% 的分位数。

5.1.3 地区之间的收入差距

本部分展示 1988—2013 年我国东、中、西部居民的人均可支配收入水平及收入不平等指数的计算结果，以了解我国地区之间的收入差距及变化趋势。

表 5-7 第 3 列到第 5 列展示了我国东、中、西部地区 1988—2013 年的人均可支配收入水平及增长率。从中可以看出，东部地区居民的收入水平最高，中、西部地区次之。25 年间，东、中、西部人均可支配收入均实现了较大幅度的增长，尤其以 1988—1995 年的收入环比增长速度最快；1995—2002 年、2007—2013 年的收入增速明显放缓。1988 年，东部地区人均可支配收入约是中部地区的 1.39 倍、西部地区的 1.73 倍；2007 年，二者扩大到约 1.74 倍、2.13 倍，这意味着 1988—2007 年我国地区之间的收入差距不断扩大。但到了 2013 年，东部地区人均可支配收入与中部地区人均可支配收入的比值下降到约 1.55 倍、与西部地区人均可支配收入的比

值变为约 1.67 倍,这说明以 2007 年为界,我国地区之间的收入差距由扩大转为缩小。因此,地区之间收入差距的缩小可能是造成 2007—2013 年我国整体收入差距缩小的原因之一。

表 5-7　三大地区居民人均可支配收入及增长率

指标	年份	东部	中部	西部
人均可支配收入（元）	1988	933	670	539
	1995	3 172	2 025	1 944
	2002	6 189	3 512	3 180
	2007	13 770	7 907	6 459
	2013	24 317	15 649	14 592
增长率（%）	1988—1995	239.98	202.24	260.67
	1995—2002	95.11	73.43	63.58
	2002—2007	122.49	125.14	103.11
	2007—2013	76.59	97.91	125.92

下面采用分析收入等分组收入份额变化的方法观察东部、中部、西部各个收入水平居民的收入差距及变化特征。表 5-8 展示了东部、中部、西部人口按人均可支配收入排序十等分组后每一组的收入份额。从中可以看出,东部地区第 1 组到第 6 组人群在 1988—2013 年的收入份额不断下降,而收入较高的第 8 组到第 10 组人群在这期间的收入份额不断升高。考察中部、西部地区居民十等分组收入份额的变化,我们发现,以第 7 组为分界点,中部地区低收入人群的收入份额从 1988—2013 年一直呈下降趋势,而收入较高的第 7 组到第 10 组人群的收入份额则不断上升。西部地区各收入等分组收入份额的变化趋势与东部、中部类似,只不过收入份额变化的拐点发生在第 8 收入组。

表 5-8 收入十等分组的收入份额变化（分地区）

单位：%

地区	分组	1988年	1995年	2002年	2007年	2013年
东部	1	2.8	1.3	1.7	1.0	0.8
	2	5.5	3.2	3.1	2.0	1.9
	3	7.0	5.0	4.2	2.8	2.9
	4	8.5	6.6	5.4	3.8	4.4
	5	9.5	8.2	6.7	5.2	5.1
	6	10.1	9.4	8.3	7.4	7.4
	7	10.6	11	10.5	10.9	9.8
	8	11.4	13	13	14.6	13.4
	9	13.7	16.2	17.2	19.2	19.2
	10	21.0	26.1	29.9	33.1	35.1
中部	1	3.4	2.8	2.8	1.7	1.0
	2	6.0	4.9	4.5	2.8	2.1
	3	7.5	6.1	5.6	3.6	3
	4	8.7	7.3	6.7	4.4	3.9
	5	9.8	8.5	7.8	5.5	5
	6	10.3	9.9	8.9	7	6.7
	7	10.7	10.9	10.3	9.7	9.2
	8	11.4	12.2	12.4	13.4	13.3
	9	13	15	15.6	19.3	19.6
	10	19.2	22.6	25.4	32.6	36.1
西部	1	2.6	2.6	2.2	1.6	0.5
	2	5.0	4.1	3.5	2.7	2.0
	3	6.1	5.0	4.5	3.6	2.8
	4	7.3	6.0	5.6	4.6	3.6
	5	8.6	7.4	6.9	5.8	4.8
	6	10.3	9.2	8.2	7.5	6.8
	7	11.8	10.7	10.2	9.9	9.9
	8	13.0	13.1	12.7	13.4	14.5
	9	14.4	16.4	16.9	18.2	21
	10	21.0	25.7	29.3	32.7	34.2

注：按东部、中部、西部人均可支配收入排序分组。

表 5-9 展示了 1988—2013 年我国东部、中部、西部地区的不平等指数和收入分位数比率，借此我们希望判断出三大地区内部收入不平等的变化趋势。2002—2007 年，西部地区的不平等程度在三大地区中最高，东部地区次之。在三大地区中，中部地区的收入不平等程度一直最低。从平均对数离差和泰尔指数来看，我国东部地区收入差距的扩大发生在 1988—1995 年、2002—2007 年。期间，东部地区收入最高 10% 人群与最低收入 10% 人群收入之比（p90/p10 比率）从 1988 年的 5.30 倍扩大到 1995 年的 12.74 倍，从 2002 年的 7.50 倍扩大到 2007 年的 9.35 倍，高于中等收入人群与最低收入人群收入之比（p50/p10 比率）的增长幅度。1988—2007 年，中部、西部内部的收入差距一直呈不断扩大的状态。例如，中部地区的泰尔指数从 0.1801 一直上升到 0.2980，西部地区从 0.2294 上升到 0.3265。然而，2007—2013 年，东部、中部、西部地区的收入不平等都出现了下降。在此期间，东部、中部、西部地区最高收入与最低收入人群的收入之比均有所降低，而中等收入人群与低收入人群的收入之比有所提高，这意味着高收入人口相对收入份额的降低以及中等收入人群相对收入份额的提高。地区内部收入差距的缩小是促成 2007—2013 年全国整体收入不平等程度下降的原因之一。

表 5-9 三大地区人均可支配收入的不平等

		1988 年	1995 年	2002 年	2007 年	2013 年
平均对数离差	东部	0.2082	0.3961	0.3075	0.3507	0.3275
	中部	0.1828	0.2376	0.2692	0.3571	0.3224
	西部	0.2192	0.3355	0.3637	0.4177	0.3711
泰尔指数	东部	0.2033	0.3350	0.2978	0.3257	0.3151
	中部	0.1801	0.2340	0.2731	0.3434	0.2980
	西部	0.2294	0.3366	0.3741	0.3988	0.3265
p90/p10 比率	东部	5.30	12.74	7.50	9.35	8.72
	中部	4.80	5.85	6.38	8.85	8.36
	西部	5.55	7.71	8.64	10.80	10.24

续表

		1988 年	1995 年	2002 年	2007 年	2013 年
p50/p10 比率	东部	2.40	4.55	2.79	3.52	3.17
	中部	2.15	2.24	2.30	2.71	3.07
	西部	2.09	2.13	2.45	2.96	3.42

注：p10、p50、p90 分别表示收入分布中 10%、50%、90%的分位数。

5.2 研究方法

5.2.1 按人群组分解不平等指数的方法

按人群组分解不平等指数的方法是在样本总人口按某种人口结构特征（例如，城镇/农村人口、东部/中部/西部人口）分组后，将总人口的收入差距分解为组内不平等决定的部分和组间不平等决定的部分。Shorrocks（1984）、Shorrocks（1988）对该分解方法进行了具体的介绍和拓展，这里仅简要说明其主要原理。按人群组分解不平等指数法主要适用于以泰尔指数为代表的一般熵指数的分解。本部分主要采用的不平等指数为泰尔指数和平均对数离差（也叫泰尔 L 指数）。

泰尔指数的计算公式为：

$$I_1 = \frac{1}{n} \sum_i \frac{y_i}{\mu} \log \frac{y_i}{\mu} \tag{5-1}$$

平均对数离差的计算公式为：

$$I_0 = \frac{1}{n} \sum_i \log\left(\frac{\mu}{y_i}\right) \tag{5-2}$$

其中，n 代表人口总数，y_i 为第 i 个人的收入，μ 代表总人口的平均收入。

泰尔指数和平均对数离差可以通过如下公式在各个人群组之间进行分解：

$$I = \sum_{g=1}^{k} w_g I_g + I(\mu_1, \mu_2, \cdots, \mu_g) \quad (5-3)$$

其中，w_g 是组 g 的人口在人口中所占比重，I_g 是组 g 内部的收入不平等程度，μ_g 是组 g 人口的平均收入。上式中的第一项表示各组人群内部收入不平等的加权平均值，也被称为组内差距；第二项为各组人群平均收入水平之间的差距，也被称为组间差距。以按地区分解泰尔指数为例，以泰尔指数为代表的全国总人口的收入不平等程度可以分解为东部、中部、西部内部的收入不平等与东部、中部、西部地区之间的收入不平等，前者被称为组内差距，后者则为组间差距。

5.2.2 按人群组分解不平等指数变化的方法

我们采用 Mookherjee 和 Shorrocks（1982）提出的不平等指数变化分解方法为基本研究方法。

Mookherjee 和 Shorrocks（1982）列举了四种研究整体收入不平等的指数，分别为基尼系数、一般熵系列中的泰尔指数、平均对数离差以及单调变换后的变异系数。假设数据总人口为 n，平均收入为 μ，第 i 个人的收入为 y_i，第 j 个人的收入为 y_j，则衡量总人口收入不平等程度的基尼系数可以写成：

$$G = \frac{1}{2n^2\mu} \sum_i \sum_j |y_i - y_j| \quad (5-4)$$

一般熵指数的公式为：

$$I_c = \frac{1}{n} \frac{1}{c(c-1)} \sum_i \left[\left(\frac{y_i}{\mu} \right)^c - 1 \right] \quad (5-5)$$

用于分解不平等变化趋势所采用的指标是平均对数离差，下面具体解释不平等变化的分解步骤。

平均对数离差是度量不平等程度的常用指标，其公式为：

$$I_0 = \frac{1}{n} \sum_i \log\left(\frac{\mu}{y_i} \right) \quad (5-6)$$

其中，I_0 代表平均对数离差，n 代表样本总人口数，μ 代表样本总人口的平均收入，y_i 代表样本中第 i 个人的收入。如果将样本人口按不同特征（年龄、学历、性别、城乡等）分组，平均对数离差 I_0 可以进一步分解为组内差距和组间差距两部分：

$$I_0 = \sum_k \nu_k I_0^k + \sum_k \nu_k \log\left(\frac{1}{\lambda_k}\right) \tag{5-7}$$

其中，ν_k 表示第 k 组人口数占样本总人口数的比重，若用 n_k 表示第 k 组人口数，则有 $\nu_k = n_k / n$。I_0^k 表示第 k 组的平均对数离差。λ_k 代表第 k 组的平均收入与样本平均收入的比值，即 $\lambda_k = \mu_k / \mu$，其中 μ_k 表示第 k 组人口的平均收入，μ 代表样本总人口的平均收入。

式（5-7）中的第一项是每组的不平等指数按该组人口权重进行加总，代表总体不平等中由每组组内不平等决定的部分，因此也被称为组内差距。公式中的第二项代表了用每一组的平均收入代替该组成员收入时的平均对数离差值，反映了由不同组的平均收入差距造成的不平等，被称为组间差距。

下面对不平等指数的变化进行分解：第一种方法，t 时期到 $t+1$ 时期的平均对数离差的改变量可以被分解为：

$$\begin{aligned}\Delta I_0 &= I_0(t+1) - I_0(t) = \Delta\left(\sum_k \nu_k I_0^k\right) - \Delta\left(\sum_k \nu_k \log(\lambda_k)\right) \\ &= \sum_k \nu_k(t)\Delta I_0^k + \sum_k I_0^k(t+1)\Delta \nu_k \\ &\quad - \sum_k \log \lambda_k(t+1)\Delta \nu_k - \sum_k \nu_k(t)\Delta\log \lambda_k \end{aligned} \tag{5-8}$$

式（5-8）中使用 ν_k 的初期值（t 期值）、I_0^k 和 λ_k 的终期值（$t+1$ 期值）。第二种方法，将几个变量的初期值和终期值对换，即分解时使用 ν_k 的终期值（$t+1$ 期值）、I_0^k 和 λ_k 的初期值（t 期值）。虽然对换后的分解结果变化可能并不大，但 Mookherjee 和 Shorrocks（1982）认为一种更好的办法是在各组的人口权重（ν_k）、组内不平等指数（I_0^k）以及平均收入权重（λ_k）的初期值和终期值之间进行折中，用 ν_k、I_0^k、λ_k 期初值和期末值的平均值来替换式（5-3）中的相应变量。替换后的分解结果为：

$$\Delta I_0 = \sum_k \bar{\nu}_k \Delta I_0^k + \sum_k \bar{I}_0^k \Delta \nu_k - \sum_k \overline{\log \lambda}_k \Delta \nu_k - \sum_k \bar{\nu}_k \Delta \log \lambda_k \tag{5-9}$$

其中，ΔI_0 表示平均对数离差从 t 时期到 $t+1$ 时期的变化量。$\bar{\nu}_k = 0.5 \times$

$[\nu_k(t)+\nu_k(t+1)]$，表示组 k 的人口权重在 t 时期到 $t+1$ 时期的平均变化。$\overline{I_0^k}$ 和 $\overline{\log\lambda_k}$ 的定义方法与之相似，即 $\overline{I_0^k}=0.5\times[I_0^k(t)+I_0^k(t+1)]$，$\overline{\log\lambda_k}=0.5\times[\log\lambda_k(t)+\log\lambda_k(t+1)]$，分别表示组 k 的不平等程度和平均收入在 t 时期到 $t+1$ 时期的平均改变量。式（5-8）中的第一项代表组内不平等对平均对数离差跨期改变量的影响。第二项代表各组人口比重变化量对组内差距的影响。第三项代表各组人口比重变化量对组间差距的影响。两项合并代表各组人口权重变化对整体收入不平等的影响。最后一项表示各组相对平均收入的改变量对样本总体不平等的影响。

式（5-9）中的最后一项反映的是相对平均收入 λ_k 的变化，由于组 k 的相对平均收入 λ_k 等于组 k 的平均收入 μ_k 与样本平均收入 μ 的比值，即 $\lambda_k=\mu_k/\mu$，而样本平均收入 μ 为各组平均收入与该组人口权重的加总，即 $\mu=\sum_k\nu_k\mu_k$，则组 k 相对平均收入 λ_k 既依赖于组 k 的平均收入 μ_k，又受组 k 人口权重 ν_k 的影响。可见，人口权重的变化不仅影响分解式（5-9）中的第二、三项，同时也影响第四项。第四项反映的是各组平均收入 μ_k 对不平等的影响，而非相对平均收入 λ_k 的影响，因此，应将人口权重的影响从第四项中分离出来，进而讨论组内不平等 I_0^k、人口权重 ν_k 以及各组平均收入 μ_k 对整体不平等的影响。为分离出人口权重的影响，分解式（5-9）中的第四项可以被进一步改写为：

$$-\sum_k\overline{\nu_k}\Delta\log\lambda_k=-\log[1-\sum_k\lambda_k(t+1)\Delta\nu_k]+$$

$$\log\left[1+\frac{\sum_k\theta_k(t)\Delta\mu_k}{\mu_k(t)}\right]-\sum_k\overline{\nu_k}\Delta\log\mu_k$$

$$\simeq\sum_k\overline{\lambda_k}\Delta\nu_k+\sum_k(\overline{\theta_k}-\overline{\nu_k})\Delta\log\mu_k \qquad (5\text{-}10)$$

其中，$\theta_k=\nu_k\lambda_k$ 表示组 k 的收入在总收入中所占份额。将式（5-9）中的第四项替换成式（5-10）就得到了平均对数离差的最终分解公式：

$$\Delta I_0=\sum_k\overline{\nu_k}\Delta I_0^k+\sum_k\overline{I_0^k}\Delta\nu_k+\sum_k(\overline{\lambda_k}-\overline{\log\lambda_k})\Delta\nu_k$$

$$+ \sum_k (\bar{\theta}_k - \bar{\nu}_k) \Delta \log \mu_k \tag{5-11}$$

式（5-11）展示了不同因素对不平等变化的贡献度。其中第一项是各组内部不平等指数变化的加权平均值。任何一组人群收入不平等的上升都会导致样本整体不平等程度的加深，反之亦然。各组内部收入不平等的改变对整体不平等变化的影响程度取决于该组人口数在样本总人口数中所占的比重。分解公式中的第二项和第三项度量了各组人口比重的变化对整体收入不平等变化的影响，但二者的影响方式不同。第二项反映了各组人口比重改变量通过组内不平等指数对样本整体平均对数离差的影响。对不同组而言，人口权重的变化 $\Delta \nu_k$ 可能为正，也可能为负。但初期和终期的平均对数离差均值对任何组来说都总是正的。如果不平等程度高的组人口比重上升，相应地，不平等程度低的组人口比重降低，则人口比重的改变会导致整体不平等程度的上升。第三项反映的是各组人口比重改变量通过该组平均收入与样本平均收入的比值 λ_k 对整体不平等的影响。如前文所述，某些组的人口权重变化为正，某些组为负，但所有组人口权重变化的总和一定为0。在每组人口权重变化 $\Delta \nu_k$ 方向给定的情况下，各组人口权重变化对不平等的影响取决于该组 ($\bar{\lambda}_k - \log \lambda_k$) 的相对大小。分解公式中的第四项代表了各组平均收入的变动对整体收入不平等的作用。其中，θ_k 表示组 k 在样本总收入中所占的收入份额，ν_k 表示组 k 的人口在样本总人口中所占比重。θ_k 和 ν_k 之差可以恒等变化为以下公式：

$$\theta_k - \nu_k \equiv \frac{n_k \mu_k}{n \mu} - \nu_k \equiv \left(\frac{\mu_k}{\mu} - 1 \right) \nu_k \tag{5-12}$$

对于本组平均收入高于样本平均收入的组来说，$\theta_k - \nu_k$ 为正；对于本组平均收入低于样本平均收入的组来说，$\theta_k - \nu_k$ 为负。各组 $\theta_k - \nu_k$ 的加总为0，各组 $\bar{\theta}_k - \bar{\nu}_k$ 的加总也为0。因此，当本组平均收入高于总体平均收入的组平均收入增长较快时，整体不平等程度会升高，反之亦然。

5.3 居民收入不平等变化的原因分解及分解结果

5.3.1 收入不平等变化的城乡分解

本部分我们要分析的问题是城乡收入不平等以及城镇、农村内部的不平等对全国收入不平等及其变化的贡献度。这里我们将样本分为城镇和农村两组，其中城镇包括了居住在城镇但保有农村户籍的流动人口。城乡收入不平等对全国收入不平等的贡献是将全国收入不平等指数按城乡分解后的组间不平等部分，其等于全国整体不平等指数中来自城镇和农村居民平均收入水平之间收入差距的部分。城镇和农村内部的不平等对全国居民收入不平等的贡献则是将全国收入不平等指数按城乡分解后的组内不平等部分。

下面展示具体的分解结果。

表5-10展示了全国居民收入的平均对数离差和泰尔指数按城乡分组的分解结果。其中，城乡内部差距表示城镇和农村内部的不平等对全国总体不平等程度的贡献；城乡之间差距表示全国总体不平等中来自城乡居民平均收入差异的部分，它反映了城镇和农村之间的收入差距对全国收入差距的贡献。

表5-10显示，1988—2007年，全国收入不平等程度不断提高，而2007—2013年无论是泰尔指数还是平均对数离差都出现了下降。从分解结果可以看出，以2007年为转折点，城乡之间的收入差距先逐渐扩大而后降低。城乡内部收入差距在2007年有所降低，但在2013年有所升高。表5-10的下半部分列出了组间不平等和组内不平等对全国收入差距贡献的百分比。对平均对数离差和泰尔指数来说，结论均非常相似。2007年，城乡内部差距占全国居民收入平均对数离差的50.70%，占泰尔指数的52.34%，其余年份贡献率均在60%左右。

可见，对单一年份来说，城乡内部的收入不平等是全国收入不平等形成的主要因素。

表 5-10　1988 年、1995 年、2002 年、2007 年、2013 年不平等指数的分解（按城乡分组）

指数	不平等的来源	1988 年	1995 年	2002 年	2007 年	2013 年
平均对数离差	全国收入差距	0.2264	0.3470	0.3572	0.4262	0.3655
	城乡之间差距	0.0769	0.1281	0.1384	0.2101	0.1145
	城乡内部差距	0.1495	0.2189	0.2187	0.2161	0.2511
泰尔指数	全国收入差距	0.2253	0.3303	0.3537	0.3981	0.3411
	城乡之间差距	0.0834	0.1361	0.1385	0.1897	0.1032
	城乡内部差距	0.1419	0.1942	0.2152	0.2084	0.2379
组间不平等和组内不平等的贡献度（%）						
平均对数离差	全国收入差距	100.00	100.00	100.00	100.00	100.00
	城乡之间差距	33.97	36.90	38.76	49.30	31.31
	城乡内部差距	66.03	63.10	61.24	50.70	68.69
泰尔指数	全国收入差距	100.00	100.00	100.00	100.00	100.00
	城乡之间差距	37.04	41.21	39.16	47.66	30.25
	城乡内部差距	62.96	58.79	60.84	52.34	69.75

表 5-11 按城乡分组分解出了 1988 年、1995 年、2002 年、2007 年和 2013 年单一年份不平等指数的贡献因素，然而，简单地将不平等指数分解成组间差距和组内差距的方法不能将人口比重的变化对总不平等的影响分离出来，也无法识别不同年份之间不平等程度变化的原因。Mookherjee 和 Shorrocks（1982）分解法可以实现这一目的。这里我们将平均对数离差的变化分解为四项因素贡献之和的形式。其中，第一项（θ_w）表示如果不发生城乡人口迁移，城乡内部不平等的变化；第二项（θ_{sw}）表示城乡之间的人口迁移对城乡内部不平等变化的影响；第一项与第二项之和构成了城乡内部不平等的变化（ΔMLD_w）。第三项（θ_{sb}）表示城乡之间的人口迁移对城乡之间收入差距变化的影响；第四项（θ_b）表示如果不发生城乡人口迁移，城乡之间不平等的变化；第三项与第四项之和构成了城乡之间不平等的变化（ΔMLD_b）。

表 5-11　不平等指数变化的分解（按城乡分组）

年份	平均对数离差的变化	城乡内部不平等的变化	城乡之间不平等的变化	第一项	第二项	第三项	第四项
	ΔMLD	ΔMLD_w	ΔMLD_b	θ_w	θ_{sw}	θ_{sb}	θ_b
1988—1995	0.1226	0.0703	0.0522	0.0732	-0.0029	0.0044	0.0478
1995—2002	0.0103	-0.0004	0.0108	0.0057	-0.0061	0.0081	0.0027
2002—2007	0.0689	-0.0028	0.0701	0.0012	-0.004	-0.0025	0.0726
2007—2013	-0.061	0.035	-0.0956	0.0397	-0.0047	-0.0092	-0.0864

表 5-11 展示了具体的分解结果。从中可以看出，1988—1995 年，城乡内部不平等的改变（0.0703）与城乡之间不平等的改变（0.0522）对总体不平等变化的贡献比较接近。但 1995 年之后，城乡之间不平等的变化对总体收入差距变化的贡献越来越大。1988—2007 年，全国整体不平等程度的加深主要是由城乡之间不平等的扩大造成的，例如，1995—2002 年城乡收入差距的扩大使全国居民收入的平均对数离差增加了 0.0108，2002—2007 年这一数值扩大到了 0.0701。虽然 1995—2002 年城镇、农村内部的收入差距呈缩小趋势，但仍不足以抵消城乡收入差距扩大对整体收入不平等的加剧作用。而 2007—2013 年城乡收入差距开始缩小，且缩小程度高于城乡内部收入差距的扩大程度，从而导致 2007—2013 年全国整体收入不平等问题的缓解。

从上面的分析可以看出，城乡收入差距的缩小是造成 2007—2013 年全国收入不平等程度降低的主要因素。那么，城乡收入差距的缩小又是由什么原因造成的呢？从不平等指数变化分解结果中的第一项到第四项可以发现一定的解释。1988—1995 年，城乡内部收入差距的扩大是全国收入不平等程度提高的首要因素，次要原因便是城乡之间收入差距的扩大，而城乡之间的人口迁移对不平等变化的作用并不大。1995—2002 年，城乡之间的人口迁移对城乡之间收入不平等的扩大作用逐渐明显。虽然在 2002—2007 年，人口迁移开始逐渐发挥缩小城乡收入差距的作用，但剔除人口比重变动的城乡收入差距扩大依然是全国整体收入分配恶化的主要原因。2007—

2013年，城乡之间的人口移动对不平等指数的缩小从2002—2007年的-0.0025扩大到2007—2013年的-0.0092，可见城乡之间的人口迁移对城乡收入差距变动的作用方向是先扩大后缩小的。这一点符合库兹涅茨假说中的解释。

我国近年来的人口流动数据也为这一人口迁移论提供了一定的支持。[①] 但需要注意的是，2007—2013年全国不平等程度下降的主要原因并不是人口迁移，而是除人口迁移因素的城乡之间收入差距的缩小。这意味着全国收入分配状况的改善原因在于农村居民收入的增加、城乡收入比的下降。可见，库兹涅茨假说可以解释我国长期收入不平等变化的部分原因，但我国居民收入差距的变化还有其特殊原因。

此外，城乡之间的人口迁移（θ_{sw}）一直是降低城乡内部不平等的因素，人口从收入不平等程度较高的农村转移到收入不平等程度较低的城镇，这降低了城乡内部的不平等程度。

5.3.2 收入不平等变化的地区分解

本部分将全国居民收入不平等指数按东部、中部、西部三大地区进行分解，以考察地区之间收入不平等以及三大地区内部的不平等对全国收入不平等及其变化的贡献度。下面展示具体的分解结果。

表5-12展示了全国居民收入的平均对数离差和泰尔指数按东部、中部、西部三大地区分组的分解结果。其中，地区内部差距表示东部、中部、西部地区内部的不平等对全国总体不平等程度的贡献；地区之间差距表示全国总体不平等中来自东部、中部、西部居民平均收入差异的部分，它反映了三大地区之间的收入差距对全国收入差距的贡献。从分解结果可以看出，与按城乡分组的分解结果相似，1988—2013年我国地区之间的收入差距也以2007年为转折点呈现先扩大后降低的趋势。地区内部的收入不平等程度也表现出从1988—2007年逐渐加深、2007—2013年逐步缓和的

[①] 国家统计局数据显示，2007年我国城镇、农村的人口比重分别为45.89%、54.11%，到了2013年二者分别变为53.73%和46.27%，城镇人口比重不断增加。此外，2005—2013年，我国流动人口数从1.47亿人增加到2.45亿人，这意味着农村到城镇的人口迁移规模不断扩大。

趋势。不仅如此，我国地区内部的收入不平等程度明显高于地区之间的收入不平等程度。

表5-12下半部分列出了组间不平等和组内不平等对全国收入差距贡献的百分比。对平均对数离差和泰尔指数来说，结论均非常相似，即单一年份全国居民收入不平等的主要贡献来源是东部、中部、西部地区内部的收入不平等，而非地区之间的收入差距。例如，2013年，地区内部差距占全国居民收入平均对数离差的92.38%，占泰尔指数的91.78%，其余年份的贡献率也均在90%左右。

可见，对单一年份来说，地区内部的收入不平等是全国收入不平等形成的主要因素。

表5-12 1988年、1995年、2002年、2007年、2013年不平等指数按地区分解

指数	不平等的来源	1988年	1995年	2002年	2007年	2013年
平均对数离差	全国收入差距	0.2264	0.3470	0.3572	0.4262	0.3655
	地区之间差距	0.0245	0.0260	0.0465	0.0547	0.0279
	地区内部差距	0.2019	0.3210	0.3107	0.3715	0.3377
泰尔指数	全国收入差距	0.2253	0.3303	0.3537	0.3981	0.3411
	地区之间差距	0.0245	0.0266	0.0470	0.0544	0.028
	地区内部差距	0.2008	0.3037	0.3067	0.3437	0.313
组间不平等和组内不平等的贡献度（%）
平均对数离差	全国收入差距	100.00	100.00	100.00	100.00	100.00
	地区之间差距	10.82	7.50	13.02	12.83	7.62
	地区内部差距	89.18	92.50	86.98	87.17	92.38
泰尔指数	全国收入差距	100.00	100.00	100.00	100.00	100.00
	地区之间差距	10.85	8.07	13.29	13.66	8.22
	地区内部差距	89.15	91.93	86.71	86.34	91.78

表5-13展示了按东部、中部、西部三大地区分组的平均对数离差改变量的分解结果。从中可以看出，1988—1995年、2002—2007年是我国整体收入差距迅速扩大的时期，在这两个时期内，东部、中部、西部地区内

部收入差距的扩大是全国收入不平等程度加深的主要原因。例如，1988—1995年、2002—2007年全国居民收入平均对数离差分别增加了0.1226、0.0689，其中的0.1205（98.3%）、0.0606（88.0%）是由地区内部收入不平等程度的提高带来的。而1995—2002年、2007—2013年，我国三大地区内部的收入差距出现了降低的趋势，但1995—2002年地区之间收入差距的扩大抵消了地区内部不平等的缩小，因此1995—2002年我国整体不平等程度依然加深，尽管程度并不大。2007—2013年，我国三大地区内部和地区之间的收入差距均出现缩小趋势，如地区内部的不平等指数下降了0.0337、地区之间的不平等指数下降了0.0272，二者共同使2007—2013年的全国整体不平等指数降低了0.061，并且地区内部收入差距的缩小是全国整体收入分配状况改善的主要原因。① 那么地区内部和地区之间收入差距的缩小又是由什么原因造成的呢？进一步观察不平等指数变化分解结果中的第一项到第四项我们发现，2007—2013年，全国整体收入不平等程度的降低主要是由去除地区间的人口迁移因素外的地区内部收入差距缩小造成的，另外的因素是除人口迁移因素外的地区之间收入差距的缩小，地区之间的人口迁移对全国整体收入不平等变化的作用并不大。以往年份的分解结果也传达出相似的信息，即地区间的人口迁移对整体收入分配变化趋势的影响不明显。

表5-13 不平等指数变化的分解（按地区分组）

年份	平均对数离差的变化	地区内部不平等的变化	地区之间不平等的变化	第一项	第二项	第三项	第四项
	ΔMLD	ΔMLD_w	ΔMLD_b	θ_w	θ_{sw}	θ_{sb}	θ_b
1988—1995	0.1226	0.1205	0.0021	0.1209	-0.0004	-0.0001	0.0022
1995—2002	0.0103	-0.0103	0.0206	-0.0147	0.0044	0.0010	0.0196
2002—2007	0.0689	0.0606	0.0083	0.0606	0.0000	0.0002	0.0081
2007—2013	-0.061	-0.0337	-0.0272	-0.0332	-0.0005	0.0002	-0.0274

---

① 在全国整体收入不平等指数的降低值中，来自地区内部不平等程度的改变量占比约为55.2%（0.0337/0.061×100%），来自地区之间不平等程度的改变量占比约为44.6%（0.0272/0.061×100%）。

5.3.3 按年龄分组的分解结果

上面我们按地区分组对全国居民收入差距的变化进行了分解，发现全国居民收入差距变动的主要原因是去除地区间人口迁移因素的地区内部、地区之间收入差距的变动，而地区之间的人口迁移对整体收入分配的影响不明显。

本部分内容按年龄将全国居民分为 19 岁及以下、20~29 岁、30~39 岁、40~49 岁、50~59 岁、60 岁及以上六组，进而按年龄分组对收入不平等指数进行分解，以考察不同年龄段人群之间的收入不平等以及各年龄段人群内部的不平等对全国整体收入分配状况及其变化的影响。下面展示具体的分解结果。

先考察各年龄组人群的人均可支配收入和组内不平等程度。表 5-14 显示，从各年龄组的人均可支配收入来看，50~59 岁人群属于最高收入组。

数据显示出的一个几乎规律性的现象是：收入水平随着年龄的增长而升高，达到 50~59 岁的"巅峰"时期后开始下降。与 1988—2002 年相比，2007—2013 年的"收入—年龄"分布还有另外一个特点，即 30~39 岁年龄段是高收入的另一个峰值，该年龄组人群的人均收入高于 40~49 岁年龄组、略低于 50~59 岁年龄组。这显示出 2007—2013 年高收入人群逐渐年轻化的特征。

表 5-14 不同年龄组的人均可支配收入和组内收入不平等

指标	年份	≤19 岁	20~29 岁	30~39 岁	40~49 岁	50~59 岁	≥60 岁
人均可支配收入（元）	1988	645	712	786	800	895	749
	1995	2 054	2 188	2 462	2 727	3 068	2 773
	2002	3 622	4 281	4 547	5 040	5 211	4 860
	2007	7 928	10 488	10 550	10 324	10 609	9 577
	2013	15 756	17 553	21 122	19 275	21 353	19 701
平均对数离差	1988	0.2072	0.2319	0.2203	0.2133	0.2559	0.2399
	1995	0.3152	0.3522	0.3303	0.3294	0.387	0.3601
	2002	0.3278	0.3571	0.3374	0.3344	0.3841	0.3937

续表

指标	年份	≤19岁	20~29岁	30~39岁	40~49岁	50~59岁	≥60岁
	2007	0.4218	0.4355	0.4378	0.3764	0.4158	0.4465
	2013	0.3533	0.3634	0.3637	0.3363	0.3649	0.3845
泰尔指数	1988	0.2099	0.2311	0.2137	0.2086	0.2466	0.235
	1995	0.3076	0.3528	0.3083	0.3003	0.3519	0.3265
	2002	0.3354	0.3538	0.3368	0.3276	0.3697	0.3669
	2007	0.4153	0.4026	0.4044	0.3516	0.3828	0.4065
	2013	0.3457	0.3394	0.3375	0.3211	0.334	0.3382

观察各组人群的收入分配状况我们发现，虽然50~59岁年龄组人群收入水平非常高，但与其他收入组相比，该年龄段人群的收入不平等程度也非常高。从泰尔指数来看，1988—2002年，50~59岁年龄组的收入不平等程度在各年龄组中最高。2002年以后，60岁及以上年龄组人群的收入不平等程度开始超过50~59岁年龄组，变为收入分配最不平等组，这种不平等程度的加深尤其在2007年、2013年最明显。此外，60岁及以上年龄组人群的平均收入超过了20~29岁、30~39岁人群。这意味着退休人员的收入可能比在岗人员的收入更高。这种现象引发出另一种思考，即随着我国社会保障力度的加大，养老金、退休金使退休人员也能保持较高的收入水平。但养老金、退休金的投入也可能使60岁及以上人群内部的收入差距变得更大。

表5-15展示了全国居民收入的平均对数离差和泰尔指数按年龄分组的分解结果。其中，各组内部差距表示各年龄组内部的不平等对全国总体不平等程度的贡献；各组之间差距表示全国总体不平等中来自各年龄组平均收入差异的部分，它反映了不同年龄人群之间的收入差距对全国整体收入差距的贡献。从表5-15下半部分组间不平等与组内不平等对整体不平等的贡献度可以看出，无论是以平均对数离差还是泰尔指数衡量，我国各年龄组内部的收入不平等程度明显高于年龄组之间的收入不平等程度。全国居民收入不平等指数中的97%以上均来自各年龄组内部的收入差距，组间不平等的贡献不足3%。可见，单一年份全国居民收入不平等的主要来源是各年龄组内部的收入不平等，而非各年龄段人群之间的收入不平等。

1988—1995年，我国各年龄组内部的收入差距扩大，1995年之后开始不断降低。各年龄组之间的收入不平等程度以2007年为转折点出现先扩大后缩小的态势，2007年组间差距达到最大值。

表5-15 不平等指数按年龄组分解

指数	不平等的来源	1988年	1995年	2002年	2007年	2013年
平均对数离差	全国收入差距	0.2264	0.3470	0.3572	0.4262	0.3655
	各组之间差距	0.0269	0.0515	0.0649	0.0862	0.0810
	各组内部差距	0.1995	0.2955	0.2923	0.3400	0.2846
泰尔指数	全国收入差距	0.2253	0.3303	0.3537	0.3981	0.3411
	各组之间差距	0.0281	0.0572	0.0716	0.0898	0.0858
	各组内部差距	0.1972	0.2731	0.2821	0.3082	0.2553
组间不平等和组内不平等的贡献度（%）						
平均对数离差	全国收入差距	100.00	100.00	100.00	100.00	100.00
	各组之间差距	11.89	14.85	18.16	20.22	22.15
	各组内部差距	88.11	85.15	81.84	79.78	77.85
泰尔指数	全国收入差距	100.00	100.00	100.00	100.00	100.00
	各组之间差距	12.48	17.32	20.25	22.57	25.14
	各组内部差距	87.52	82.68	79.75	77.43	74.86

表5-16展示了1988—2013年我国居民收入平均对数离差的变化量按年龄分组的分解结果。

表5-16 不平等指数变化的分解（按年龄分组）

年份	平均对数离差的变化	年龄组内部不平等的变化	年龄组之间不平等的变化	第一项	第二项	第三项	第四项
	ΔMLD	ΔMLD_w	ΔMLD_b	θ_w	θ_{sw}	θ_{sb}	θ_b
1988—1995	0.1226	0.1184	0.0042	0.1167	0.0017	−0.0001	0.0043
1995—2002	0.0103	0.0113	−0.0009	0.0092	0.0021	−0.0001	−0.0008
2002—2007	0.0689	0.0717	−0.0026	0.0699	0.0018	−0.0008	−0.0018
2007—2013	−0.0610	−0.0606	−0.0005	−0.0613	0.0007	−0.0005	0.0000

从表 5-16 中可以看出，在 1988—1995 年、2002—2007 年这两个我国整体收入差距迅速扩大的时期内，各年龄组内部收入差距的扩大是全国收入不平等程度加深的主要原因。例如，1988—1995 年全国居民收入平均对数离差增加了 0.1226，其中的 0.1184（96.6%）是由各年龄组内部收入不平等程度的提高带来的。2007—2013 年，我国各年龄组内部的收入差距出现了比较明显的降低的趋势，并导致全国整体收入不平等指数的降低。虽然在此期间，各年龄组人群之间的收入差距也出现了下降，但其对整体不平等的贡献不及组内不平等的变化量。例如，2007—2013 年各年龄组内部不平等的变化使不平等指数下降了 0.0606、各组之间不平等的变化使不平等指数下降了 0.0005，二者共同使 2007—2013 年的全国整体不平等指数降低了 0.061，其中来自年龄组内部不平等程度的改变量占比约为 99.3%（0.0606/0.061 × 100%）、来自年龄组之间不平等程度的改变量占比约为 0.7%（0.0005/0.061 × 100%）。可见，各年龄组内部收入差距的缩小是全国整体收入不平等程度降低的主要原因。进一步观察不平等指数变化分解结果中的第一项到第四项我们发现，各年龄组人口比重的变动具有扩大组内收入差距、缩小组间收入差距的作用，但作用效果均比较微弱。例如，2007—2013 年的分解结果中，代表人口比重变化对组内不平等影响的第二项使各年龄组内部的不平等扩大了 0.0007，而代表人口比重变化对组间不平等影响的第三项使各年龄组之间的收入不平等缩小了 0.0005。2007—2013 年全国整体收入不平等程度的降低主要是由去除各年龄组间人口比重变动的组内收入差距缩小造成的，各年龄组人口比重的变化对全国整体收入不平等变化的作用不大。

5.3.4　按受教育程度分组的分解结果

本部分我们按户主的受教育程度将全国居民家庭分为"小学少于 3 年""小学 3 年或以上""初中毕业""中专和高中毕业""大专、大学及以上"五组，并按受教育程度分组对收入不平等指数进行分解，以考察不同受教育水平人群组间、组内的不平等对全国整体收入分配状况及其变化的影响。下面展示具体的分解结果。

先来观察一下各受教育水平人群的人均可支配收入和组内不平等程度。表5-17显示出一个明显的趋势：人们的收入水平随着受教育程度的升高而不断升高，在"大专、大学及以上"组达到最高。1988—2013年，受教育水平为"小学少于3年"人群的人均可支配收入增长率为12.83%，而受教育程度为"大专、大学及以上"人群的人均可支配收入增长率为14.35%。这意味着高教育水平人群的人均可支配收入增长率也高于受教育程度较低人群。① 观察各组人群的收入分配状况我们发现，1988—2013年，各组人群内部的收入不平等程度以2007年为转折点出现先上升后降低的趋势，2013年各组内部的收入差距均相对2007年有所减小。虽然"大专、大学及以上"组人群收入水平非常高，但该组人群的收入不平等程度明显低于"初中毕业""中专和高中毕业"人群。无论从泰尔指数还是从平均对数离差显示的信息来看，1988—2002年"初中毕业"组人群的收入不平等程度在各组中最高，2007—2013年"小学少于3年"组内部的收入不平等程度最高。

表5-17 不同年龄组人均可支配收入的不平等

指标	年份	小学少于3年	小学3年或以上	初中毕业	中专和高中毕业	大专、大学及以上
人均可支配收入（元）	1988	483	618	752	918	1 319
	1995	1 467	1 778	2 192	3 065	5 108
	2002	3 147	2 797	3 877	5 483	9 816
	2007	5 060	5 311	8 063	11 958	19 945
	2013	9 869	11 226	15 707	23 012	37 697
平均对数离差	1988	0.1771	0.2003	0.2155	0.2085	0.1085
	1995	0.2643	0.2836	0.3233	0.3148	0.1618
	2002	0.3037	0.2786	0.3133	0.3038	0.1798
	2007	0.425	0.3345	0.3815	0.3298	0.2088
	2013	0.3341	0.3156	0.3006	0.2817	0.1766

① 人均可支配收入增长率的计算公式为 $\left[\sqrt[n]{\overline{(\text{末年收入} - \text{首年收入})}} - 1\right] \times 100\%$。其中 n 代表经过的年数。

续表

指标	年份	小学少于3年	小学3年或以上	初中毕业	中专和高中毕业	大专、大学及以上
泰尔指数	1988	0.1829	0.2115	0.2127	0.1947	0.1052
	1995	0.271	0.284	0.3146	0.2727	0.1637
	2002	0.2893	0.2833	0.3279	0.2847	0.1774
	2007	0.4223	0.3496	0.374	0.2979	0.2055
	2013	0.3079	0.2997	0.2984	0.2615	0.1685

表5-18展示了全国居民收入的平均对数离差和泰尔指数按受教育程度分组的分解结果。其中，各组内部差距表示各教育水平人群内部的不平等对全国总体不平等程度的贡献；各组之间差距表示全国总体不平等中来自各教育水平人群之间平均收入差异的部分，它反映了不同受教育程度人群之间的收入差距对全国整体收入差距的贡献。按受教育程度分组的分解结果与按年龄分组分解结果比较相似。从表5-18下半部分组间不平等与组内不平等对整体不平等的贡献度可以看出，无论是以平均对数离差还是以泰尔指数衡量，我国各教育水平人群内部的收入不平等程度明显高于各教育水平人群之间的收入不平等程度。全国居民收入不平等指数中的75%以上均来自各年龄组内部的收入差距，1988—2002年各组内部差距在全国收入差距中的贡献更高，2007—2013年该部分比重出现下降。可见，单一年份全国居民收入不平等的主要来源是各教育水平人群内部的收入不平等，而非各组人群之间的收入不平等。1988—2007年，各年龄组之间的收入不平等程度逐渐升高，在2007年达到最大值之后开始降低。

表5-18 不平等指数按受教育程度分解

指数	不平等的来源	1988年	1995年	2002年	2007年	2013年
平均对数离差	全国收入差距	0.2264	0.3470	0.3572	0.4262	0.3655
	各组之间差距	0.0269	0.0515	0.0649	0.0862	0.0810
	各组内部差距	0.1995	0.2955	0.2923	0.3400	0.2846

续表

指数	不平等的来源	1988年	1995年	2002年	2007年	2013年
泰尔指数	全国收入差距	0.2253	0.3303	0.3537	0.3981	0.3411
	各组之间差距	0.0281	0.0572	0.0716	0.0898	0.0858
	各组内部差距	0.1972	0.2731	0.2821	0.3082	0.2553
组间不平等和组内不平等的贡献度（%）							
平均对数离差	全国收入差距	100.00	100.00	100.00	100.00	100.00
	各组之间差距	11.89	14.85	18.16	20.22	22.15
	各组内部差距	88.11	85.15	81.84	79.78	77.85
泰尔指数	全国收入差距	100.00	100.00	100.00	100.00	100.00
	各组之间差距	12.48	17.32	20.25	22.57	25.14
	各组内部差距	87.52	82.68	79.75	77.43	74.86

表5-19展示了1988—2013年我国居民收入平均对数离差的变化量按人群受教育水平分组的分解结果。从中可以看出，1988—1995年、2002—2007年，我国整体收入差距出现了比较明显的扩大，而各教育水平人群内部收入差距的扩大是全国收入不平等程度加深的主要原因。例如，1988—1995年、2002—2007年全国居民收入平均对数离差分别增加了0.1226、0.0689，其中的0.0974（96.6%）、0.0475（67.0%）是由各教育水平组内部收入不平等程度的提高带来的。2007—2013年，我国各教育水平组内部的收入差距出现了比较明显的降低趋势，并导致全国整体收入不平等指数的降低。虽然在此期间，各组人群之间的收入差距也出现了下降，但其对整体不平等的贡献不及组内不平等的变化量。2007—2013年，各组内部不平等的变化使不平等指数下降了0.0558、各组之间不平等的变化使不平等指数下降了0.0052，二者共同使2007—2013年的全国整体不平等指数降低了0.0610，其中来自各组内部不平等程度的改变量占比约为91.5%（0.0558/0.061×100%）、来自各组之间不平等程度的改变量占比约为8.5%（0.0052/0.061×100%）。可见，各组内部收入差距的缩小是全国整体收入不平等程度降低的主要原因。

表 5-19　不平等指数变化的分解（按受教育程度分组）

年份	平均对数离差的变化	各组内部不平等的变化	各组之间不平等的变化	第一项	第二项	第三项	第四项
	ΔMLD	ΔMLD_w	ΔMLD_b	θ_w	θ_{sw}	θ_{sb}	θ_b
1988—1995	0.1226	0.0974	0.0253	0.0962	0.0012	0.0007	0.0246
1995—2002	0.0103	-0.0031	0.0130	-0.0049	0.0018	-0.0021	0.0151
2002—2007	0.0689	0.0475	0.0213	0.0529	-0.0054	0.0111	0.0102
2007—2013	-0.0610	-0.0558	-0.0052	-0.0555	-0.0003	0.0072	-0.0124

进一步观察不平等指数变化分解结果中的第一项到第四项我们发现，去除各组人口比重变化的影响，2007—2013 年，各组内部和各组之间的收入差距的变动均具有降低全国整体收入差距的作用，但各组内部收入差距变动起到更为主要的作用。各组人口比重的变动具有较为明显的扩大组间收入差距和微弱的缩小组内收入差距的作用。例如，2007—2013 年的分解结果中，第一项使各教育水平组内部的不平等缩小了 0.0555，这加剧了组内不平等的变化对整体收入差距的缩小作用；第三项使各教育水平组人群之间的收入不平等扩大了 0.0072，这减弱了组间不平等的变化对整体收入差距的缩小作用。2007—2013 年，全国整体收入不平等程度的降低主要是由去除各教育水平组人口比重变动的组内收入差距缩小造成的，各组人口比重的变化对全国整体收入不平等变化的作用不大。

第6章 收入不平等变化的原因：收入结构的分析

6.1 引言

任何国家的任何一项政府政策，都或多或少地影响居民收入水平及其差距，我国也不例外。例如，自改革开放以来，户籍制度一直是阻碍农村人口流入城镇获得更高收入机会的因素，因此导致城镇和农村居民之间巨大的收入差距，并使之成为我国居民收入整体不平等的最大贡献者。近年来，随着大量农村人口流向城镇，以往的城乡壁垒有所松动，但在就业以及享受各项公共服务方面，流动人口与城镇户籍人口之间仍然存在较大差距。

政府的财政支出政策也具有明显的收入分配效应，例如，居住支出是所有家庭最基本的消费支出，政府为低收入家庭提供的保障房服务，不仅可以改善这些家庭居住的条件，还可以减少他们用于住房的自有支出，使其将更多的购买力用于其他商品及服务的消费上。

作为筹集财政收入手段的税收政策同样具有显著的收入分配功能。税收既可缩小居民收入分配差距，也会加剧收入分配不平等，这取决于税收累进（退）性和平均税率的高低。平均税率随收入水平提高而上升的税种为累进性税收，它会缩小居民收入差距；相反，税率随收入水平上升而下降的为累退性税收，它会加剧收入分配的不平等。

目前，在政府使用的诸多税种中，增值税等间接税是根据人们的消费支出多少课税，而不是按收入的高低缴税，收入中用于消费支出的比例通常随收入水平的上升而下降（即边际消费倾向递减），因此间接税的平均税率与收入水平之间呈现负相关关系，即收入越低，平均税率会越高。

与间接税不同，个人所得税为直接税，其法定税率通常随收入上升而上升（超额累进），因此为累进性税收。累进性税收将有利于缩小居民收入差距。由间接税和直接税组成的整体税制的收入分配效应取决于间接税的累退性与直接税的累进性之间的强弱对比以及各自平均税率的高低。

从文献上看，政府政策对收入分配的影响一直是备受学界关注的问题。例如，蒋洪等（2002）通过实证分析表明，中国高等教育公共支出的主要受益者是高收入群体，低收入群体的受益程度相当有限。郭凯明等（2011）认为，加大公共教育投入对调节收入分配的作用较弱，但增加社会保障投入可以有效地降低不平等程度。张世伟、贾鹏（2014）的研究表明，最低工资的提升短期内会促进低技能劳动力就业并提升其收入水平，进而降低不平等。但长期来看，最低工资的提升超过一定幅度将会对就业产生负面作用。马双等（2012）发现，最低工资每增加10%，制造业企业雇佣人数将显著减少0.6%左右。聂海峰、岳希明（2012）研究间接税对收入分配的影响发现，我国间接税负担呈现累退性，即低收入人口的负担率高于高收入人口的负担率，这恶化了整体收入分配的不平等。岳希明、徐静（2012）的研究结果表明，个人所得税确实降低了收入不平等，但其降低收入不平等的效果非常弱。徐建炜等（2013）认为，与发达国家相比，我国个税累进性较高，但平均税率偏低，这导致了我国个税政策调节收入分配的作用有限。

从上述的政策工具及其收入分配效应不难看出，尽管所有的政策工具都具有收入分配效应，但在强弱程度、产生机制以及可预见性等方面具有明显的差异。其中有些政策工具的收入分配效应是直接的，作用机制是显而易见的。保障房政策、低保等财政转移支付政策、个人所得税等属于此类政策工具。

与此不同，教育财政支出、最低工资制度等政府政策，其收入分配效应非但不明显，还具有不确定性。教育财政支出的收入分配效应如何，在很大程度上取决于其支出结构。

在我国，政府在城镇的教育投入较多，在农村反而较少，城镇较农村富裕，因此目前的教育投入结构实际上是通过提供教育服务，给予高收入人口更多的补贴，这不仅恶化了当前居民收入不平等，同时也不利于未来我国居民收入差距的缩小。最低工资制度的收入分配效应同样是不确定的。

表面上看，最低工资法规提高了非熟练工人的工资水平（从而缩小工资差距），但实际上，最低工资要求会限制企业用低于最低工资的工资水平雇佣工人，从而导致部分非熟练工人失去工作机会，使其收入水平从低于最低工资的潜在水平降低为零，收入差距会因此扩大。

不同的政策工具，其作用于收入差距的机制、方向以及效果的确定性等方面有很大差异，因此需要分别研究，研究所用实证手法以及在此过程中的难易程度也会不同。

由此也可以看到，全面地评价我国目前所有政策工具的收入分配效应是十分困难和复杂的。

对此，本书把考察对象限定在养老金或离退休金、低保等转移性财政支出上，通过对不平等指数的计算和分解来考察以转移性支出为代表的再分配政策对我国居民收入不平等的影响。

6.2 我国主要的再分配政策概览

从 21 世纪初期起，我国采取了一系列影响收入分配的转移性支出政策。为了给后文的研究做政策上的介绍和铺垫，这里我们选择性地对我国政府主要的收入再分配政策和相关研究做一下梳理和总结。

城市公共养老金制度的改革开始于 20 世纪 90 年代初期。最初，企业职工和公共部门的员工享受不同的养老金计划，这种模式也被称为"双轨制"。

1995 年和 1997 年我国的养老金制度发生了重大的改革，这两次改革奠定了企业职工基本养老保险制度的基础（Feng 等，2011；He 和 Sato，2013）。改革的主要特点是把融资体系从单纯的现收现付制变为混合的现收现付制，并且引入了强制性个人账户。改革方案适用于包括国有企业、私营企业和外商独资企业在内的所有城镇企业职工。

2005 年后，考虑到企业退休员工和公共部门退休职工之间巨大的福利差距，政府多次提高企业退休员工的养老金。公共部门退休职工的养老金依旧采取完全的现收现付制，因此，随着政府部门收入的快速增加，政府退休人员的养老金收入也随之不断增加。其结果是，和改革以前相似，公共部门的职工在退休后仍能继续享受高额的养老金收入（李实等，2013）。

农村的养老保险制度的建立晚于城市。21世纪以前，除了少部分社会救助项目，农村居民的养老主要靠个人和家庭。直到2009年，国务院通过了新型农村养老保险的基本方案。最初的农村新型养老保险仅覆盖全国人口的10%左右，目前已经基本扩展到全国的农村地区。

城市的最低生活保障制度（简称低保）建立于20世纪90年代末期（李实等，2013）。低保制度的保障对象是家庭人均可支配收入低于当地最低生活保障标准的、持有非农业户口的城市居民，保障标准由各地政府根据当地生活费用和政府财力自行确定。上海是最早实行低保制度的试点城市。1997年，国务院宣布，到1999年，最低生活保障制度要覆盖到所有城市和县城。1996年，民政部制定了"以点带面、分步实施"的农村最低生活保障制度指导方案。2001年，浙江成为全国首个以法规形式将农民列入社会保障范围的省份。2004年，全国共8省、1206个县（市）建立了农村最低生活保障制度，有488万村民、235.9万户家庭得到了农村最低生活保障。其中，北京、上海、天津、广东、浙江、江苏已全面实行农村最低生活保障制度（刘坚，2006）。

此外，针对农村的再分配政策还有新型合作医疗、退耕还林、退牧还草、粮食良种补助制度等。

2003年起，农村新型合作医疗制度在各省、自治区、直辖市的2~3个县（市）先行试点。2004年，新农合医疗试点在各地稳步推进。2005年，中、西部按照一个市有一个试点县的原则扩大试点。

2002年，我国全面启动退耕还林工程，其范围从以西部为主的20个省份扩展到安徽、西藏自治区、海南、北京、天津全国25个省份及新疆生产建设兵团，工程县1897个。到2003年底，退耕还林覆盖了全国2万多个乡镇、10万多个村、6000多万农户（刘坚，2006）。对退耕户的补助从2004年开始由粮食补助改为现金补助。

2001年内蒙古自治区、宁夏回族自治区、新疆维吾尔自治区三个自治区实行退牧还草试点。2003年起，国家启动"退牧还草工程"。2003年、2004年是工程试点期，在甘肃、内蒙古自治区、新疆维吾尔自治区、青海、宁夏回族自治区试行。

粮食良种补贴政策于2003年开始实行，最初的良种补贴为大豆、小麦，补贴规模达 3 亿元。补贴区域为内蒙古自治区、辽宁、吉林、黑龙江、河北、河南、山东、江苏、安徽。2004 年，补贴规模达 10 亿余元，区域扩大到 13 个粮食主产省区。

6.3 分解方法与含义解释

6.3.1 按收入来源分解基尼系数法

基尼系数是衡量某种收入分布不平等程度的常用指标。对基尼系数进行分解可以帮助我们了解收入不平等的决定因素。一般而言，基尼系数可以按照收入来源或人群组分解，这里首先介绍按收入来源分解基尼系数法。

根据 Shorrocks（1982）、Lerman 和 Yitzhaki（1985），如果个人或家庭的总收入 y 可以表示成 k 项收入之和的形式，即 $y = \sum_{k=1}^{k} y_k$，则总收入的基尼系数 G 可以表示为：

$$G = \sum_{k=1}^{K} S_k G_k R_k \tag{6-1}$$

其中，S_k 表示分项收入 k 在总收入中所占份额，G_k 代表分项收入 k 的基尼系数，R_k 为分项收入 k 与总收入 y 的基尼相关系数，其公式为：

$$R_k = \frac{\text{Cov}[y_k, F(y)]}{\text{Cov}[y_k, F(y_k)]} \tag{6-2}$$

其中，$F(y)$ 和 $F(y_k)$ 分别为总收入 y 和分项收入 y_k 的累积分布。Stark、Taylor 和 Yitzhaki（1986）指出，基尼系数分解公式中的每一项都有明显的含义和解释，即分项收入对总收入不平等的作用取决于以下三个问题：第一，S_k：相对于总收入而言，分项收入的比重有多大；第二，G_k：分项收入自身的不平等程度如何；第三，R_k：分项收入和总收入分布的相关性如何。

具体而言，如果某项收入在总收入中占比很大，那么该项收入很可能对总收入的不平等产生巨大影响。但如果这项收入在所有人中是平均分配的，即 $G_k = 0$，那么即使份额大也不会影响总收入的分配状况。如果某项收入不平等程度很高占比又大，即 G_k 和 S_k 的数值都较高，则这项收入对总收入不平等的作用方向依然无法确定，它既可能是总收入差距的扩大项，也可能是缩小项。其具体情况取决于该项收入主要掌握在高收入还是低收入人群手中（按总收入排序）。如果该项收入倾向于分配给高收入者，即 R_k 为正且数值较大，那么它将加剧收入不平等；如果其主要属于低收入群体，那么将对收入不平等起改善作用。

根据上述按收入来源分解基尼系数的方法，我们还可以估算出在其他收入来源不变的情况下，某项收入来源的微小变化对整体收入不平等的影响（Lerman 和 Yitzhaki，1985）。假设分项收入 y_k 增加 $e\%$（e 接近 1），则基尼系数的变化为：

$$\frac{\partial G}{\partial e} = S_k(R_k G_k - G) \tag{6-3}$$

其中，G 为分项收入变化之前的总收入基尼系数。由此，由分项收入 y_k 非常小的百分比变化导致的总收入基尼系数的百分比变化，即分项收入的边际效应为：

$$\frac{\partial G/\partial e}{G} = \frac{S_k R_k G_k}{G} - S_k \tag{6-4}$$

需要注意的是，式（6-3）中，$R_k G_k$ 等于分项收入 y_k 按总收入排序的集中率 C_k。

集中率是相对总收入而言，某项收入（或支出）在个人之间分布的衡量指标。它决定着某项收入对收入不平等的作用方向。因此，基尼系数分解公式可以变为：

$$G = \sum_{k=1}^{K} C_k S_k \tag{6-5}$$

分项收入的微小变化引起的总收入基尼系数变化为：

$$\frac{\partial G}{\partial e} = S_k(C_k - G) \tag{6-6}$$

从上式可看出，分项收入对总收入不平等的作用方向取决于分项收入集中率与总收入基尼系数的相对大小。

若分项收入 y_k 的集中率大于总收入的基尼系数，则该分项收入对总收入不平等起扩大作用，该项收入在总收入中所占份额越大，总收入的不平等程度越高；若分项收入集中率小于总收入的基尼系数，则其对总收入的不平等起缩小作用，增加该分项收入在总收入中所占份额会改善总收入的不平等状况。

6.3.2 基尼系数变化的分解方法

设 G_1、G_0 分别表示第 1 期与第 0 期的基尼系数，则两期基尼系数的变化可以分解为如下公式：

$$G_1 - G_0 = \sum_{k=1}^{K} S_{k1} C_{k1} - \sum_{k=1}^{K} S_{k0} C_{k0} = \sum_{k=1}^{K} (S_{k1} C_{k1} - S_{k0} C_{k0}) \quad (6\text{-}7)$$

式（6-7）可变换为：

$$\begin{aligned} G_1 - G_0 &= \sum_{k=1}^{K} (S_{k1} C_{k1} - S_{k1} C_{k0} + S_{k1} C_{k0} - S_{k0} C_{k0}) \\ &= \sum_{k=1}^{K} [S_{k1}(C_{k1} - C_{k0}) + C_{k0}(S_{k1} - S_{k0})] \\ &= \sum_{k=1}^{K} (S_{k1} \Delta C_k + C_{k0} \Delta S_k) \end{aligned} \quad (6\text{-}8)$$

由此得到基尼系数变化的第一种分解方法。式（6-7）的另一种变换方法为：

$$\begin{aligned} G_1 - G_0 &= \sum_{k=1}^{K} (S_{k1} C_{k1} - S_{k0} C_{k1} + S_{k0} C_{k1} - S_{k0} C_{k0}) \\ &= \sum_{k=1}^{K} [C_{k1}(S_{k1} - S_{k0}) + S_{k0}(C_{k1} - C_{k0})] \\ &= \sum_{k=1}^{K} (S_{k0} \Delta C_k + C_{k1} \Delta S_k) \end{aligned} \quad (6\text{-}9)$$

由此得到基尼系数变化的第二种分解方法。

式（6-8）+式（6-9）得：

$$2(G_1 - G_0) = \sum_{k=1}^{K} [\Delta S_k(C_{k0} + C_{k1}) + \Delta C_k(S_{k0} + S_{k1})] \quad (6\text{-}10)$$

即：

$$G_1 - G_0 = \sum_{k=1}^{K} [0.5 \times (C_{k0} + C_{k1})\Delta S_k + 0.5 \times (S_{k0} + S_{k1})\Delta C_k] \qquad (6-11)$$

设 $0.5 \times (C_{k0} + C_{k1}) = \bar{C}_k$，$0.5 \times (S_{k0} + S_{k1}) = \bar{S}_k$，分别表示两时期分项收入集中率和收入份额的平均值。由此得到基尼系数变化的第三种分解方法，即：

$$G_1 - G_0 = \sum_{k=1}^{K} (\bar{S}_k \Delta C_k + \bar{C}_k \Delta S_k) \qquad (6-12)$$

6.4 转移性收入的再分配效应估算结果

6.4.1 基本描述

本部分展示 2002—2013 年我国农村、城镇、流动人口各项收入来源的均值和收入份额，以对我国居民的收入结构进行基本描述。

表 6-1、表 6-2 和表 6-3 分别展示了 2002—2013 年全国、农村、城镇居民和流动人口各项收入来源的人均值和收入份额。从全国数据来看，在各个年份中，工资性收入在收入总额中占比最高，而经营净收入、转移性收入、财产净收入份额较低。但分城乡来看情况又有所不同。工资性收入是城镇居民最主要的收入来源，城镇居民的工资性收入比重高于农村居民。经营净收入[①]在农村居民收入总额中占比很大，远高于城镇居民经营净收入的份额。

在 2002 年和 2007 年，经营净收入是农村居民最主要的收入来源。从转移性收入来看，在各个年份中，养老金或退休金在居民转移性收入中的比重均最高，且城镇居民的养老金收入份额远远大于农村居民。2002 年和

---

① 农村居民的经营净收入中既包括农业经营净收入，也包括非农业经营净收入。

2007 年，农村居民的养老金或退休金的收入份额都非常低，2013 年农村养老金的收入比重增大，但仍远低于城镇居民。2007 年，最低生活保障在居民收入总额中占比非常低，2013 年该比例有所升高，但仍然较低（仅为 0.16%）。

表 6-1　2020 年各项收入来源均值与构成

收入来源	均值（元）				构成（%）			
	全国	农村	城镇	流动人口	全国	农村	城镇	流动人口
工资性收入	2 536	1 021	5 997	2 554	54.29	35.48	73.92	38.64
经营净收入	1 426	1 565	272	3 880	30.53	54.38	3.35	58.70
财产净收入	31	22	54	19	0.66	0.78	0.66	0.28
养老金或退休金	416	16	1475	0	8.92	0.55	18.18	0.00
社会救济	3	0	9	0	0.05	0.00	0.11	0.00
赔偿金	2	0	7	0	0.04	0.00	0.08	0.00
失业保险	5	0	20	0	0.12	0.00	0.24	0.00
政策性补贴	25	40	0	0	0.54	1.40	0.00	0.00
记账补贴	7	0	25	0	0.15	0.00	0.31	0.00
辞退金	9	0	33	0	0.20	0.00	0.41	0.00
保险收入	2	0	6	0	0.03	0.00	0.07	0.00
赡养收入	12	0	42	0	0.25	0.00	0.52	0.00
捐赠收入	86	85	112	11	1.83	2.95	1.39	0.17
外出从业人员寄回或带回收入	21	33	0	0	0.45	1.16	0.00	0.00
住房公积金	6	0	23	0	0.14	0.00	0.29	0.00
其他转移性收入	84	95	37	145	1.80	3.31	0.46	2.20

注：保险收入中不包括失业保险。表中"0"值表示调查数据中未涉及该指标。

表 6-2　2007 年各项收入来源均值与构成

收入来源	均值（元） 全国	农村	城镇	流动人口	构成（%） 全国	农村	城镇	流动人口
工资性收入	6 158	1 840	11 200	11 480	62.23	42.46	68.04	69.41
经营净收入	2 129	2 136	1 250	4 786	21.52	49.30	7.59	28.94
财产净收入	178	141	240	166	1.80	3.25	1.46	1.01
养老金或退休金	1 068	0	3 090	11	10.79	0.00	18.77	0.07
社会救济	5	0	14	0	0.05	0.00	0.09	0.00
最低生活保障	5	0	15	2	0.06	0.00	0.09	0.01
赔偿金	3	0	9	0	0.03	0.00	0.05	0.00
失业保险	8	0	22	0	0.08	0.00	0.13	0.00
记账补贴	26	0	76	0	0.26	0.00	0.46	0.00
政策性补贴	1	0	0	5	0.01	0.00	0.00	0.03
辞退金	5	0	15	0	0.05	0.00	0.09	0.00
保险收入	2	0	7	0	0.02	0.00	0.04	0.00
赡养收入	48	0	124	43	0.48	0.00	0.75	0.26
捐赠收入	95	0	274	0	0.96	0.00	1.67	0.00
住房公积金	19	0	55	0	0.19	0.00	0.34	0.00
其他转移性收入	29	0	69	44	0.29	0.00	0.42	0.27
农村转移性收入	117	216	0	0	1.18	4.98	0.00	0.00

注：保险收入中不包括失业保险。表中"0"值表示调查数据中未涉及该指标。

表 6-3　2013 年各项收入来源均值与构成

收入来源	均值（元） 全国	农村	城镇	流动人口	构成（%） 全国	农村	城镇	流动人口
工资性收入	11 572	4 406	18 438	15 099	58.00	43.36	61.20	67.67
经营净收入	3 174	3 467	1 952	5 927	15.91	34.12	6.48	26.56
财产净收入	1 578	579	2 995	652	7.91	5.70	9.94	2.92

续 表

收入来源	均值（元）				构成（%）			
	全国	农村	城镇	流动人口	全国	农村	城镇	流动人口
养老金或退休金	2 668	426	5 930	341	13.37	4.19	19.68	1.53
社会救济	23	29	22	3	0.11	0.29	0.07	0.01
最低生活保障	33	32	43	2	0.16	0.31	0.14	0.01
政策性补贴	33	34	38	11	0.16	0.34	0.13	0.05
医疗费报销	110	82	172	17	0.55	0.81	0.57	0.07
从政府得到的产品服务折价	22	22	23	14	0.11	0.22	0.08	0.06
退耕还林补贴	7	13	2	1	0.03	0.12	0.01	0.00
粮食直接补贴	25	52	2	3	0.13	0.51	0.01	0.01
其他惠农补贴	27	56	3	4	0.14	0.55	0.01	0.02
外出从业人员寄回或带回收入	359	711	58	77	1.80	7.00	0.19	0.35
赡养收入	206	181	267	99	1.03	1.79	0.89	0.45
其他转移性收入	115	70	183	64	0.58	0.68	0.61	0.29

6.4.2 分项收入来源的再分配效应

居民总收入由工资性收入、经营净收入、财产净收入、转移性收入构成。① 那么不同收入来源是如何影响收入不平等的？具体而言，某一项收入（例如转移性收入）是扩大了收入差距还是缩小了收入差距？为研究这一问题，我们给出了表6-4。表6-4展示了不同收入来源在总收入中所占的比重以及它们各自对收入不平等的影响。其中，集中率反映了分项收入对总收入不平等的作用方向，如果分项收入集中率大于总收入基尼系数，

---

① 我们所定义的居民收入对于城镇居民来说为人均可支配收入，对农村居民而言为人均纯收入。因为可支配收入和纯收入均等于工资性收入、经营净收入、财产净收入和转移性收入之和，所以我们在本章的计算中将二者统一称为总收入。

则该分项收入是总收入差距的扩大因素。收入份额为分项收入在收入总额中所占比例。在总收入基尼系数中，由某分项收入决定的部分为该分项收入对总收入基尼系数的绝对贡献，该数值等于分项收入集中率与其收入份额的乘积。分项收入对基尼系数的绝对贡献与总收入基尼系数的比值为该分项收入对总收入基尼系数的相对贡献。分项收入的边际效应表示分项收入的微小变化引起总收入基尼系数改变量的百分比，正值表示分项收入的增加引起总收入不平等程度的加深，负值则意味着分项收入的增加会缓和总收入的不平等。

表6-4 根据收入来源分解基尼系数（全国）

指标	年份	总收入	工资性收入	经营净收入	财产净收入	转移性收入
集中率	2002	0.4457	0.5490	0.1940	0.6465	0.5798
	2007	0.4820	0.5401	0.2448	0.5743	0.5734
	2013	0.4496	0.4923	0.2644	0.6285	0.3976
收入份额	2002	1	0.54	0.31	0.01	0.15
	2007	1	0.62	0.22	0.02	0.14
	2013	1	0.58	0.16	0.08	0.18
对基尼系数的绝对贡献	2002	0.4457	0.2981	0.0592	0.0042	0.0842
	2007	0.4820	0.3361	0.0527	0.0103	0.0829
	2013	0.4496	0.2855	0.0421	0.0497	0.0723
对基尼系数的相对贡献（%）	2002	100	66.88	13.29	0.95	18.88
	2007	100	69.73	10.93	2.14	17.2
	2013	100	63.51	9.36	11.05	16.08
边际效应	2002	—	12.58	-17.24	0.30	4.37
	2007	—	7.50	-10.59	0.34	2.74
	2013	—	5.51	-6.55	3.15	-2.10

表6-4显示，在四项收入来源中，工资性收入的份额是最高的，2002—2013年，工资性收入在总收入中所占比重一直在50%以上。工资性收入的集中率一直高于总收入的基尼系数，这说明其为总收入不平等的扩大项。由于比重大且倾向于高收入人群，工资性收入成为我国居民总收入

不平等的最大贡献者,其对基尼系数的贡献一直在60%以上,2007年达到了69.73%。但到了2013年,工资性收入的集中率和收入份额相对于2007年均有所下降,导致其对基尼系数的贡献率有所降低,这说明工资性收入在加剧居民收入不平等方面的作用在逐渐减弱。这一点可能是我国居民收入基尼系数下降的原因之一。经营净收入的集中率小于总收入基尼系数,说明经营净收入是总收入差距的缩小项。在四项收入来源中,分配最不平等的当属财产净收入,与总收入基尼系数相比,其集中率最高。但由于财产净收入在总收入中所占比重较低(2002年为1%、2013年为8%),其对基尼系数的贡献度和边际效应远低于工资性收入。考察转移性收入的比重和再分配效应可以看出,2002年,转移性收入占全国居民收入总额的15%,集中率为0.5798,是居民总收入不平等的扩大项。2007年,转移性收入的集中率略微下降,但依然高于总收入基尼系数(0.4820)。但到了2013年,转移性收入份额从14%上升到18%,集中率由0.5734下降到0.3976,低于总收入基尼系数,边际效应为负,这说明,伴随着转移性收入份额的增加,其在缓和居民收入不平等方面的作用明显增强。但这种再分配效应的增强到底来自政府还是非政府(企业、居民之间的转移性支出)[①]还有待于进一步考察。

表6-5分农村、城镇、流动人口展示了各项收入来源再分配效应的估算结果。

表6-5 根据收入来源分解基尼系数(农村、城镇、流动人口)

户籍	指标	年份	总收入	工资性收入	经营净收入	财产净收入	转移性收入
农村	集中率	2002	0.3810	0.4536	0.3045	0.7862	0.5167
		2007	0.3764	0.4002	0.3394	0.6127	0.3859
		2013	0.4044	0.4690	0.3925	0.7079	0.1595
	收入份额	2002	1	0.35	0.54	0.01	0.09
		2007	1	0.42	0.49	0.03	0.05
		2013	1	0.43	0.34	0.06	0.17

---

① 转移性收入是针对居民家庭而言,对政府来说,该部分为转移性支出。

续 表

户籍	指标	年份	总收入	工资性收入	经营净收入	财产净收入	转移性收入
农村	对基尼系数的相对贡献(%)	2002	100	42.24	43.45	1.61	12.7
		2007	100	45.15	44.45	5.29	5.11
		2013	100	50.28	33.12	9.97	6.63
	边际效应	2002	—	6.76	-10.92	0.83	3.33
		2007	—	2.68	-4.85	2.04	0.13
		2013	—	6.92	-1.01	4.27	-10.19
城镇	集中率	2002	0.3222	0.3352	0.0535	0.4636	0.3154
		2007	0.3412	0.3510	0.3928	0.7009	0.2722
		2013	0.3535	0.3639	0.3357	0.4541	0.2857
	收入份额	2002	1	0.74	0.03	0.01	0.22
		2007	1	0.68	0.08	0.01	0.23
		2013	1	0.61	0.06	0.10	0.22
	对基尼系数的相对贡献(%)	2002	100	76.89	0.56	0.95	21.6
		2007	100	69.99	8.74	2.99	18.27
		2013	100	62.99	6.15	12.77	18.09
	边际效应	2002	—	2.97	-2.8	0.29	-0.47
		2007	—	1.95	1.15	1.54	-4.64
		2013	—	1.8	-0.33	2.83	-4.3
流动人口	集中率	2002	0.3709	0.2368	0.4578	0.0636	0.4388
		2007	0.2998	0.2492	0.3900	0.8676	0.8220
		2013	0.3512	0.3379	0.4070	0.3577	0.1406
	收入份额	2002	1	0.39	0.59	0.00	0.02
		2007	1	0.69	0.29	0.01	0.01
		2013	1	0.68	0.27	0.03	0.03
	对基尼系数的相对贡献(%)	2002	100	24.68	72.47	0.05	2.8
		2007	100	57.69	37.64	2.91	1.76
		2013	100	65.1	30.78	2.98	1.14

续表

户籍	指标	年份	总收入	工资性收入	经营净收入	财产净收入	转移性收入
流动人口	边际效应	2002	—	-13.96	13.76	-0.23	0.43
		2007	—	-11.72	8.7	1.9	1.12
		2013	—	-2.57	4.22	0.05	-1.71

注：总收入部分的集中率指的是基尼系数。

表6-5显示，从2002—2013年，农村和城镇居民总收入基尼系数均不断上升，这说明在城镇和农村内部，居民收入差距是不断扩大的。从农村来看，人均可支配收入基尼系数从2002年的0.3810上升到2013年的0.4044。城镇人均可支配收入基尼系数从2002年的0.3222上升到2013年的0.3535。可见，农村的收入不平等问题比城镇更严重。一方面，在工资性收入不平等上，农村大于城镇。此外，城镇居民转移性收入在缩小居民收入差距中的作用比农村更明显。从2002—2013年，城镇居民转移性收入的集中率一直小于城镇居民总收入的基尼系数，这意味着，转移性收入一直是城镇内部收入差距的缩小项。另一方面，转移性收入在城镇居民总收入中所占份额也高于农村居民的相应比例，二者共同导致了城镇居民转移性收入对基尼系数的贡献率高于农村居民。2013年，农村居民和流动人口的转移性收入集中率和边际效应均低于2007年相应水平，且二者均从扩大收入不平等的收入来源转变为缩小收入差距的收入来源。这也是2007—2013年全国居民总收入基尼系数降低的原因之一。需要注意的是，从前面的分析可知，2007—2013年，全国居民总收入基尼系数呈下降态势。城乡内部收入差距的扩大和全国整体不平等程度的降低意味着城乡之间收入差距的缩小。

6.4.3 分项转移性收入的再分配效应

从前文的分析可知，转移性收入再分配效应的增强是2007—2013年我国居民收入不平等程度下降的重要原因。但这种再分配效应的增强到底来自政府转移性支出还是非政府转移性支出呢？本部分具体分析了这一问题。表6-6展示了2002—2013年全国、农村、城镇和流动人口收入中来自政府、非政府部分的转移性收入份额和再分配效应的估计结果。

表6-6 来自政府、非政府转移性收入的再分配效应

类别	转移性收入来源	年份	集中率	收入份额（%）	对基尼系数的绝对贡献	对基尼系数的相对贡献（%）	边际效应
全国	政府	2002	0.6511	9.82	0.0639	14.34	4.52
		2007	0.6182	11.27	0.0697	14.46	3.18
		2013	0.5224	14.77	0.0772	17.16	2.39
	非政府	2002	0.4308	4.70	0.0203	4.54	-0.16
		2007	0.4149	3.18	0.0132	2.74	-0.44
		2013	-0.1427	3.41	-0.0049	-1.08	-4.49
农村	政府	2002	0.4876	1.95	0.0095	2.5	0.55
		2007	—	—	—	—	—
		2013	0.3331	7.35	0.0245	6.05	-1.3
	非政府	2002	0.5243	7.42	0.0389	10.21	2.79
		2007	0.3859	4.98	0.0192	5.11	0.13
		2013	0.0248	9.47	0.0024	0.58	-8.89
城镇	政府	2002	0.2922	18.93	0.0553	17.17	-1.76
		2007	0.2492	19.60	0.0488	14.31	-5.29
		2013	0.3121	20.70	0.0646	18.27	-2.43
	非政府	2002	0.4550	3.14	0.0143	4.43	1.29
		2007	0.4082	3.31	0.0135	3.96	0.65
		2013	-0.0387	1.69	-0.0007	-0.18	-1.87
流动人口	政府	2002	—	—	—	—	—
		2007	0.8634	0.11	0.001	0.32	0.21
		2013	0.3482	1.77	0.0062	1.75	-0.02
	非政府	2002	0.4399	2.37	0.0104	2.81	0.44
		2007	0.8156	0.53	0.0043	1.44	0.91
		2013	-0.1995	1.08	-0.0022	-0.61	-1.69

注：2002年流动人口、2007年农村人口数据中的转移性收入均来自非政府，故表中未展示政府转移性收入的再分配效应。

从2013年起，国家统计局实行了城乡住户统一调查。因此在2013年

的 CHIP 数据中，对农村、城镇居民和流动人口来说，来自政府、非政府的转移性收入项目都是一致的。① 但在 2013 年之前，城乡调查并未统一，因此在 2002 年和 2007 年的数据中，农村、城镇居民和流动人口收入中的政府性、非政府转移性收入具体项目是不同的。②

表 6-6 显示，2002—2013 年，全国居民政府转移性收入的集中率呈现出不断缩小的趋势，但依然高于全国居民总收入的基尼系数，这意味着退休金等政府转移性支出政策具有恶化居民收入分配的作用，尽管这种作用在逐渐减弱。边际效应正说明增加政府转移性支出会扩大收入差距。与政府转移性收入相比，发生于企业和居民之间的非政府转移性收入的集中率小于全国居民总收入基尼系数，这意味着来自非政府的转移性收入的分布更加偏向于低收入人口。从收入份额来看，来自政府的转移性收入规模不断攀升，且明显高于非政府转移性收入，这也导致了其对基尼系数的贡献率高于非政府转移性收入。从农村的估计结果来看，由于在 2002 年和 2007 年农村的社会保障制度尚未普及，农村居民的转移性收入大多来自非

---

① 2013 年数据中来自政府的转移性收入包括：养老金或离退休金［离退休金、（城镇）居民社会养老保险、新型农村养老保险、其他养老金］、社会救济和补助（不包括低保）、最低生活保障费、政策性生活补贴、报销医疗费、从政府和组织得到的实物产品和服务折价、退耕还林还草补贴、粮食直接补贴；来自非政府的转移性收入包括：家庭外出从业人员寄回或带回收入、赡养收入、其他经常转移收入（经常性捐赠、赔偿收入、失业保险金、亲友搭伙费等）。

② 2002 年数据中农村居民来自政府的转移性收入包括：退休人员的退休金和各种补贴、从集体公益金得到的收入、从各级政府和集体得到的其他货币收入（调查补贴、救济款、老年人补助金）；来自非政府的转移性收入包括：由外出非常住人口汇回或带回的收入、亲友赠送的收入（赡养收入，抚养收入，婚、丧、嫁、娶礼金）。城镇居民来自政府的转移性收入包括：养老金或离退休金、社会救济收入、赔偿收入、失业保险金、记账补贴；来自非政府的转移性收入包括：辞退金、保险收入（除失业保险金）、赡养收入、捐赠收入（包括礼金、礼物）、亲友搭伙费、提取住房公积金、其他转移性收入。流动人口数据中的转移性收入均来自非政府，主要包括礼金收入。2007 年数据中农村居民转移性收入主要来自非政府。城镇居民收入中来自政府的转移性收入包括养老金或离退休金、社会救济收入（包括最低生活保障收入）、赔偿收入、失业保险、记账收入；来自非政府的转移性收入包括来自单位的辞退金、保险收入（不包括失业保险）、住房公积金、家庭间的捐赠收入和赡养收入以及其他转移性收入（如亲友搭伙费、单位发放的抚恤金、军人的转业费、复员费、各种有奖彩票的中奖收入等）。流动人口数据中来自政府的转移性收入包括：退休金、最低生活保障、失业保险、政府发放的其他各类补助（政府对各类特殊家庭、人员提供的除最低生活保障金和失业救济金以外的特别津贴）。来自非政府的转移性收入包括：赠送收入、赡养收入和抚养收入、其他转移性收入（辞退金、赔偿收入、保险理赔款收入、亲友搭伙费、提取住房公积金）。

政府，政府转移性收入的规模较小。2013年，农村居民政府转移性收入规模加大，且集中率小于总收入基尼系数，说明政府转移性收入偏向于农村的低收入人口，具有改善农村内部收入不平等的作用。2002年和2007年农村非政府转移性收入的集中率高于农村居民总收入基尼系数，但到了2013年该集中率明显降低，变为总收入差距的缩小项。因此在2013年，政府转移性收入和非政府转移性收入均改善了农村居民的收入分配状况，但政府转移性收入对农村收入分配不平等的改善作用更明显。

与农村的情况相比，政府转移性收入一直对城镇居民内部的收入差距起缩小作用。除2013年外，非政府转移性收入的集中率大于城镇居民总收入基尼系数，其对收入不平等起到略微的扩大效应。但来自政府的转移性收入份额大于来自非政府的部分，政府转移性收入对基尼系数的贡献度大于非政府转移性收入。这意味着，表6-6展示的转移性收入对城镇居民收入不平等的改善作用主要来自政府转移性收入。

以上分析了来自政府、非政府的转移性收入对全国居民收入不平等的影响。那么两类转移性收入中的具体构成项目（例如，养老金、退休金、最低生活保障）又是如何影响收入不平等的呢？表6-7给出了不同转移性收入在总收入中的比重、集中率、对收入不平等指数的贡献度。其中我们重点关注政府转移性收入的再分配效应。

表 6-7　各项转移性收入对全国居民收入不平等的影响

转移性收入类别	年份	集中率	收入份额（%）	对基尼系数的绝对贡献	对基尼系数的相对贡献（%）	边际效应
总收入	2002	0.4457	100	0.4457	100.00	—
	2007	0.4820	100	0.4820	100.00	—
	2013	0.4496	100	0.4496	100.00	—
养老金/离退休金	2002	0.6906	8.92	0.0616	13.82	4.90
	2007	0.6262	10.79	0.0676	14.02	3.23
	2013	0.5683	13.37	0.0760	16.90	3.53

续表

转移性收入类别	年份	集中率	收入份额（%）	对基尼系数的绝对贡献	对基尼系数的相对贡献（%）	边际效应
社会救济	2002	0.1183	0.05	0.0001	0.01	-0.04
	2007	0.1339	0.05	0.0001	0.01	-0.04
	2013	-0.1590	0.11	-0.0002	-0.04	-0.16
最低生活保障（低保）	2007	-0.0562	0.06	0.0000	-0.01	-0.06
	2013	-0.3438	0.16	-0.0006	-0.12	-0.29
政策性补贴	2002	0.0867	0.54	0.0005	0.11	-0.44
	2007	0.8555	0.01	0.0001	0.01	0.00
	2013	0.1099	0.16	0.0002	0.04	-0.12
失业保险	2002	0.4550	0.12	0.0005	0.12	0.00
	2007	0.4478	0.08	0.0003	0.07	-0.01
退耕还林还草补贴	2013	-0.2302	0.03	-0.0001	-0.02	-0.05
粮食直接补贴	2013	-0.3748	0.13	-0.0005	-0.11	-0.23
赡养收入	2002	0.6955	0.25	0.0017	0.39	0.14
	2007	0.6432	0.48	0.0031	0.64	0.16
	2013	0.1382	1.03	0.0014	0.32	-0.71
外出从业人员寄回或带回收入	2002	0.2029	0.45	0.0009	0.20	-0.25
	2013	-0.4364	1.80	-0.0079	-1.75	-3.55

表6-7展示了2002—2013年全国居民总收入的基尼系数和主要转移性收入的份额及对收入不平等的影响。从中可以看出，各项政府转移性收入中，对总收入不平等影响最大的是养老金或离退休金。该项收入集中率高，收入份额在各项转移性收入中最高，二者结合导致其对收入差距起到了很强的扩大作用。虽然2013年养老金或离退休金的集中率与2007年相比有所下降，但其仍然为收入不平等的主要扩大因素之一。这意味着，退休金投入规模的扩大将使我国居民收入分配面临更加严重的不平等。在各

项转移性收入中，对收入分配起较强均等化作用的是最低生活保障收入。2007—2013年，低保对低收入人口的倾向性更加明显，但低保收入在总收入中份额非常低，这削弱了其对收入分配的改善作用。此外，退耕还林补贴、粮食直接补贴也具有较为明显的收入分配均等化作用，但由于二者在总收入中占比较低，它们对基尼系数的影响并不明显。在非政府转移性收入中，对基尼系数贡献最大的是赡养收入。2002年和2007年，赡养收入的集中率均高于总收入基尼系数，这说明赡养收入的分布更偏向于高收入人群，2013年赡养收入变为了总收入不平等的缩小项。外出从业人员寄回或带回收入一直对总收入不平等起缩小作用，2013年其对收入分配的均等化作用更强。

以上按收入来源对单一年份的基尼系数进行了分解，这部分我们采用基尼系数变化的第三种分解方法对不同年份之间基尼系数的变化进行分解，以从收入来源的角度分析基尼系数变化的原因。从表6-8可知，2002—2007年，我国居民收入不平等程度扩大的最大贡献者是工资性收入份额的上升。如果工资性收入的集中率不变，工资性收入份额的上升会使基尼系数增加0.0430。虽然工资性收入的集中率有所降低，但集中率降低对基尼系数的缩小无法抵消工资性收入份额上升带来的不平等程度加深。在转移性收入中，养老金是扩大收入不平等的主要来源，养老金收入份额的上升使全国居民收入基尼系数增加了0.0123。从表6-9可知，我国2007—2013年居民收入不平等程度下降的最主要来源是工资性收入。如果收入份额不变，工资性收入集中率的降低会使整体基尼系数下降0.0288；如果集中率不变，工资性收入份额的降低将使基尼系数下降0.0218。2007—2013年，我国居民收入分配改善的最主要原因是工资性收入集中率和收入份额的双重下降。一种扩大收入差距的来源是财产性收入：一方面，财产净收入越来越集中于较富裕的家庭，其集中率的升高使整体基尼系数增加了0.0026；另一方面，财产净收入的收入份额也逐渐增加，这使得基尼系数上升了0.0367。转移性收入中，养老金或退休金依然是收入差距的扩大项。虽然2007—2013年养老金或离退休金的集中率有所下降，但由于其集中率高于总收入基尼系数，养老金或离退休金收入份额的上升仍然使基尼系数扩大了0.0154。社会救济和最低生活保障是收入差距的缩小项，但由于二者收入份额太低，对基尼系数变化的作用并不明显。

表6-8　2002—2007年按收入来源分解基尼系数的变化

变化来源	集中率的变化 绝对贡献	集中率的变化 贡献占比（%）	收入份额的变化 绝对贡献	收入份额的变化 贡献占比（%）
工资性收入	-0.0052	-14.52	0.0430	119.52
经营净收入	0.0131	36.39	-0.0198	-54.95
财产净收入	-0.0009	-2.47	0.0070	19.32
养老金或离退休金	-0.0063	-17.60	0.0123	34.17
社会救济	0.0000	-0.03	0.0001	0.15
赔偿金	-0.0001	-0.26	-0.0001	-0.17
失业保险	0.0000	-0.01	-0.0002	-0.48
记账补贴	-0.0001	-0.30	0.0007	1.90
政策性补贴	0.0021	5.86	-0.0025	-7.02
辞退金	0.0000	-0.03	-0.0013	-3.48
保险收入	0.0000	-0.09	-0.0001	-0.20
赡养收入	-0.0002	-0.53	0.0016	4.31
捐赠收入	0.0033	9.17	-0.0049	-13.70
提取住房公积金	0.0000	-0.07	0.0005	1.40
其他转移性收入	-0.0044	-12.27	-0.0014	-3.98

表6-9　2007—2013年按收入来源分解基尼系数的变化

变化来源	集中率的变化 绝对贡献	集中率的变化 贡献占比（%）	收入份额的变化 绝对贡献	收入份额的变化 贡献占比（%）
工资性收入	-0.0288	88.77	-0.0218	67.35
经营净收入	0.0037	-11.29	-0.0143	44.07
财产净收入	0.0026	-8.12	0.0367	-113.42
养老金或离退休金	-0.0070	21.57	0.0154	-47.59
社会救济	-0.0002	0.74	0.0000	0.03
最低生活保障	-0.0003	0.97	-0.0002	0.66
政策性补贴	-0.0006	1.95	0.0008	-2.34

续表

变化来源	集中率的变化		收入份额的变化	
	绝对贡献	贡献占比（%）	绝对贡献	贡献占比（%）
赡养收入	-0.0038	11.79	0.0021	-6.61
其他转移性收入	-0.0170	52.60	0.0003	-1.06

注：社会救济中去除了最低生活保障。

6.5 进一步讨论：不同再分配效应测算方法的矛盾与解释

MT指数分解方法和按收入构成分解基尼系数法都是研究财税政策再分配效应中常用的方法。其中，Musgrave和Thin（1949）提出的MT指数，也叫再分配指数，用公式表示为：

$$MT = G_X - G_Y \tag{6-13}$$

其中，G_X和G_Y分别表示某项政策工具介入前、后的基尼系数。如果政策具有改善收入不平等的效应，G_Y会小于G_X，MT指数为正值。相反，如果政策具有加大收入差距的效应，MT指数将是一个负值。Kakwani（1984）通过对MT指数进行分解得到了再分配指数和税收累进性P指数之间的关系，用公式表示为：

$$MT = (C_Y - G_Y) + \frac{t}{1-t}P \tag{6-14}$$

MT指数不仅适用于税收，也可用于其他政策再分配效应的研究，这里以社会保障支出为例来解释以上分解公式。上式中，C_Y代表按照社会保障支出转入前收入排序包括社会保障支出的可支配收入集中率，G_Y代表包括社会保障的可支配收入基尼系数。t值等于社会保障支出水平与社会保障支出转入前可支配收入的比值，我们称之为"社会保障补贴率"。P代表社会保障支出的累进（退）性指数。与税收相反，社会保障支出的累进性越强，代表其分配越偏向于富人；反之，累退的社会保障支出是有利于低收入人群的。

虽然都是研究政策再分配效应的经典方法，但使用 MT 指数和按收入构成分解基尼系数这两种方法得出的结论很可能完全相反，并且这种情况在很多收入再分配效应的研究中常见。下面我们以我国的社会保障支出①为例具体解释这一问题。从表 6-10 可知，2013 年，我国不包括社会保障支出的全国居民人均可支配收入②基尼系数为 0.4689，社会保障支出转入后，基尼系数下降到 0.4440。可见，如果使用 MT 指数的计算结果，我国的社会保障支出具有改善居民收入分配的作用。

表 6-10　社保支出的再分配效应：基于不同方法的计算结果

人口分组	基于 MT 指数的计算结果				再分配效应
	不包括社会保障支出		包括社会保障支出		
	人均可支配收入（元）	基尼系数	人均可支配收入（元）	基尼系数	
全国	17 616	0.4689	20 493	0.4440	0.0249
农村	10 322	0.4307	11 039	0.4150	0.0157
城镇	24 411	0.4298	30 514	0.3542	0.0756
流动人口	21 805	0.3549	22 181	0.3512	0.0037

基于按收入构成分解基尼系数的计算结果			
收入来源	集中率	对基尼系数的贡献（%）	边际效应
社会保障支出	0.5265	16.64	2.61

此外，按照收入构成分解基尼系数的方法进行研究，发现社会保障支出的集中率为 0.5265，明显高于社会保障支出转入后的总收入（可支配收入）基尼系数 0.4440，因此社会保障支出是收入差距的扩大项。这两种结论看似矛盾，但其实是由判断再分配效应的参照标准不同造成的。使用 MT 指数时，社会保障支出是否改善收入分配的参照标准是不包括社会保障支出的人均可支配收入的基尼系数的，也就是相对于社会保障支出转入

---

① 这里的社会保障支出包括离退休金、城镇居民社会养老保险、新型农村养老保险、其他养老金、最低生活保障、社会救济、报销医疗费、现金政策性惠农补贴。
② 可支配收入中已去掉了社会保障缴费和个人所得税。

前的总收入分布来说，社保支出的分配是偏向于高收入人群还是低收入人群。而按收入构成分解基尼系数法的判断依据在于社保支出集中率与总收入基尼系数的相对大小，这里的总收入是包括社保收入在内的。也就是说，按收入构成分解基尼系数法的参照标准是包括社会保障支出的总收入基尼系数。若社会保障支出的集中率小于总收入基尼系数，则加大社保支出将缩小收入差距；若社会保障支出的集中率大于总收入基尼系数，则社保支出规模的加大将恶化收入分配。当社会保障支出的集中率与总收入基尼系数相等时，社会保障支出的集中率达到最优点。这里的"最优"是指社会保障支出的再分配效果最大，在这一最优点上，总收入的基尼系数达到最低值。

我们将样本中每个观测值的社会保障支出的初始值设为2013年家庭人均社保收入的1%，并以该数值为每次的补贴额度，按总收入（包括社保收入）为排序变量，画出了补贴150次的社保支出集中率与总收入基尼系数的相对变化关系，如图6-1所示。图6-1中的C点为社会保障集中率的

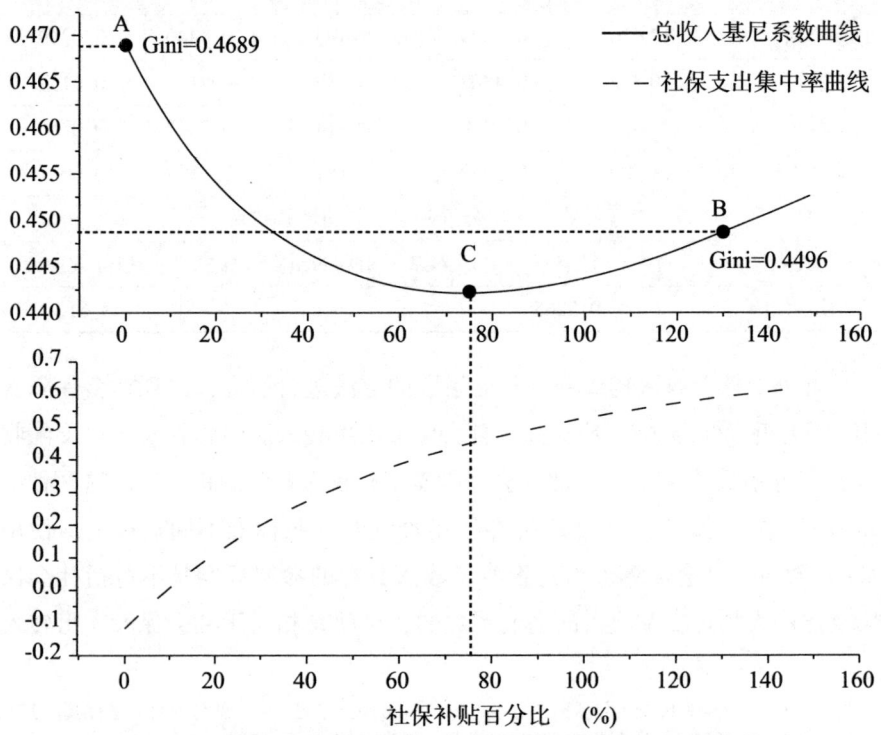

图6-1 社保支出集中率与总收入基尼系数的相对变化

最优点。该点为补贴 74 次时的集中率与基尼系数值。在该点的左侧，社保集中率小于总收入基尼系数，总收入基尼系数不断下降。B 点刚好为 2013 年原有社会保障支出水平下的总收入基尼系数和社保支出集中率。B 点在集中率最优点的右侧，社保集中率大于总收入基尼系数，这说明社保支出是扩大收入差距的来源。这意味着，我国的社保支出存在过度分配的现象，即继续扩大社会保障支出的规模将使总收入基尼系数不断上升，居民收入分配趋于恶化。那么，如果从居民收入中去掉社保支出，基尼系数会缩小吗？答案是否定的。图 6-1 显示，去掉社保支出后，居民总收入的基尼系数变为 A 点，基尼系数上升到 0.4689，MT 指数大于 0。这意味着，我国的社保支出具有改善收入分配的作用。由此可见，得出社会保障支出扩大收入差距结论的参照标准是 C 点，而社会保障支出缩小收入差距结论的参照标准是 A 点，二者的差别在于参照系不同，并不矛盾。

6.6 中国社会保障支出的收入分配效应

6.6.1 社会保障对收入分配意义重大

社会保障制度是保障和改善民生、促进社会公平正义的重要制度之一。越来越多的国家已经建立了社会保障制度。社会保障支出是许多国家政府公共支出主要的组成部分，在缩小居民收入差距方面发挥着重要作用。许多国际经验表明，发达国家居民收入分配改善的主要原因在于政府的再分配政策，而非市场性因素。Kristjánsson（2011）对意大利、卢森堡、英国等 OECD 成员国三种定义居民收入基尼系数的研究结果显示，2007 年 OECD 成员国的市场基尼系数为 0.483，可支配收入基尼系数为 0.289，政府再分配政策使市场基尼系数下降了 0.193，其中政府用于社会保障的转移性支出的贡献度为 80.83%，远远高于来自居民的个人所得税和社会保障缴费。Milanovic（1999）、Mahler 和 Jesuit（2006）对多个

OECD成员国从1967—2000年居民收入分配状况的研究结果也表明，转移性支出和个人所得税可以使居民收入不平等指数下降，而其中政府转移性支出的作用尤其重要，其对收入不平等改善的贡献率高达近80%。与以OECD为代表的发达国家类似，部分发展中国家的社会保障支出也表现出明显缩小收入差距的作用。我们通过计算Lustig（2011）提供的拉美国家数据发现，巴西、墨西哥等部分拉美国家的政府转移性支出也具有较强的收入再分配效应，可以解释居民收入分配改善的75.2%。可见，无论从发达国家还是发展中国家的经验来看，社会保障支出都是政府改善居民收入分配的最主要力量。并且，市场因素并不是解释我国与发达国家收入分配差异的关键，政府收入再分配政策效果不明显才是导致我国居民收入分配不平等状况较发达国家严重的主要原因（蔡萌、岳希明，2016）。因此，实现缩小居民收入差距、促进社会公平的目标就不能忽视对以社会保障支出为代表的政府再分配政策的研究。

社会保障支出再分配效应的实现程度与其规模大小息息相关。一般而言，大多数发达国家都具备较高的社会保障支出规模。那么与其他国家相比，我国的社会保障支出规模是高是低呢？比较不同国家社会保障支出水平时，我们通常使用社会保障支出占GDP的比重这一指标。例如，1995年，英国、瑞典、芬兰、丹麦、美国、日本等国的社会保障支出占GDP的比重平均为32.2%[①]。另外，社会保障支出水平与经济发展水平也有着密切的关系，用人均GDP衡量一国经济发展水平的话，人均GDP越高的国家（经济发展水平越高），其社会保障支出水平也越高，即社会保障支出水平与经济发展之间成正比关系。图6-2描绘了2012年世界56个国家和地区的社会保障支出占GDP比重与人均GDP的关系，其中的人均GDP为国别可比值。选择2012年的缘故是数据较新，且数据可利用国家较多。

从图6-1可以看出，人均GDP与社会保障支出占GDP比重之间存在明显的正相关关系，即社会保障支出随人均GDP的上升而上升。把社会保障支出占GDP比重对人均GDP回归后，即可计算与人均GDP对应的社会

---

① 根据OECD in Figures数据整理。

社会保障支出占GDP的比重（%）

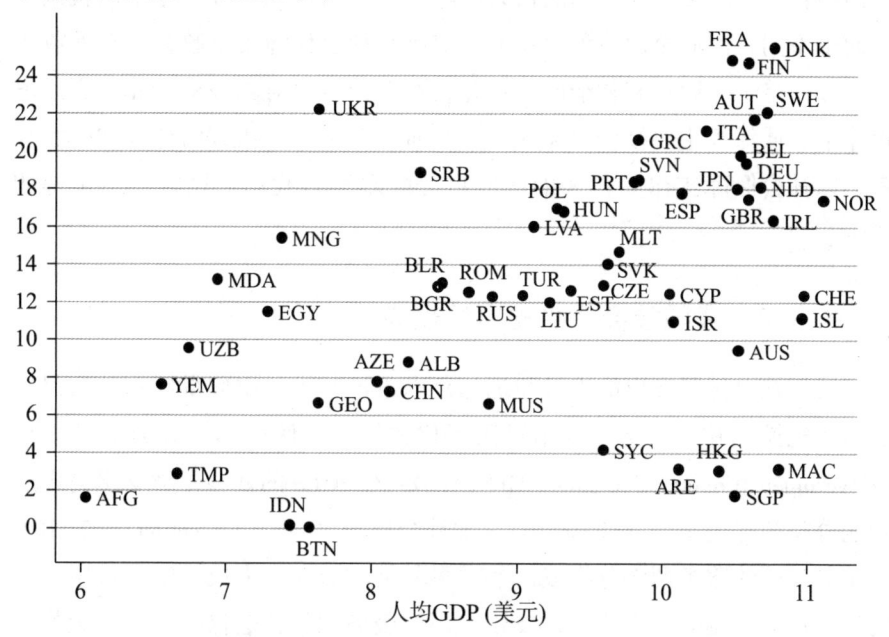

图6-2　2012年人均GDP与社会保障支出占GDP比重的关系

资料来源：GFS和WDI。

保障支出水平的预测值，按中国人均GDP计算的预测值是10.5%，而中国的实际值为7.2%，这意味着，即使考虑人均GDP水平，中国的社会保障支出规模也是偏低的。这一发现也与在其他研究中的发现相呼应，例如，陈共（2000）认为，应提高转移性支出在财政支出中的比重；财政部社会保障司课题组（2007）指出2002—2006年，中国的社会保障水平在5.41%~5.60%，既低于美国、德国、法国等发达国家的社保支出水平，也低于同为发展中国家的哈萨克斯坦、波兰和匈牙利以及拉美的阿根廷、巴西和乌拉圭。

　　从宏观上研究社会保障支出规模等问题是必要的，但如果想了解社保支出对居民收入分配的作用方向和程度，即具体的社会保障支出项目到底扩大了收入差距还是缩小了收入差距、其作用强度如何，要回答这些问题就必须从微观数据入手，研究社会保障支出对居民收入的再分配效应。这是本书要实现的研究目的。此外，在我国，影响收入分配的政府社会保障支出项目种类较多，且不同的社会保障支出项目作用于收入差距的机制和方向也不同，因此全面地评价我国目前所有社会保障支出政策工具的收入分配效应是十分困难和复杂的。对此，本书把考察对象限定在养老金或离退休金、低保等主要社会保障支出上，通过对不平等指数的计算和分解来考察以社会保障支出为代表的政府再分配政策对我国居民收入不平等的影响。

6.6.2 我国社会保障支出的规模

关于社会保障支出的内容和统计范围争论较大，由此得到的社会保障支出的规模也相差甚远。为增进国际比较，我们使用 IMF 政府财政统计 (Government Finance Statistics：GFS) 的定义。GFS 的社会保障支出为政府功能分类的部门 10 (division 10)，即社会保护 (social protection)，它由个人服务和团体服务两部分组成，个人服务是政府向个人或家庭提供服务和转移支付 (transfer) 时发生的支出，团体服务则是社会保障相关政策的制定和实施等管理性支出。

在我国，财政预算科目于 2007 年发生了变化，2006 年之前，政府收支分类科目中的抚恤和社会福利救济费、社会保障补助支出、行政事业单位离退休经费为财政社会保障支出。2007 年执行新的政府收支分类科目后，财政部认可的按国际统计口径计算财政社保支出包括社会保障和就业支出、医疗保障支出和保障性安居工程支出三项预算科目。社会保险支出是一国社会保障总支出的重要组成部分，在我国，社会保险收支独立于一般政府预算，因此我国社会保障总支出应为社会保险基金支出和财政社会保障支出的合计。另外，我国社会保险基金支出的一部分是由财政对社会保险基金的补助筹集的，作为重复计算，这部分应当予以剔除。因此，我国社会保障总支出实际上等于社会保险基金支出与财政社会保障支出之和，减去财政对社会保险基金的补助。按照这一口径，我们整理了 2009—2014 年我国社会保障总支出，发现我国社会保障总支出占 GDP 的比重直线上升，自 2009 年的 6.09% 上升至 2014 年的 8.20%，这说明我国社保支出的（名义）增长率高于 GDP 的增长。财政社保支出占财政支出总额的比重，2011年之前明显上升，之后基本维持在15.5%的水平，这说明社保支出的增长并未明显超过整体财政支出的增长。

表6-11 1998—2014年社会保障支出的规模

单位：亿元、%

年份	社会保险基金支出	财政社会保障支出	财政对社会保险基金的补助	社会保障总支出	社会保障总支出占GDP的比重	财政社会保障支出占财政总支出比重
1998	1 637	596	22	2 211	2.62	5.52
1999	2 108	1 197	170	3 136	3.50	9.08
2000	2 386	1 518	299	3 605	3.63	9.55
2001	2 748	1 987	343	4 392	4.01	10.51
2002	3 472	2 636	517	5 590	4.65	11.95
2003	4 016	2 656	494	6 178	4.55	10.77
2004	4 627	3 116	520	7 224	4.52	10.94
2005	5 401	3 699	577	8 522	4.65	10.90
2006	6 477	4 362	889	9 950	4.70	10.79
2007	7 888	5 447	1 275	12 060	4.83	10.94
2008	9 925	8 225	1 631	16 520	5.26	13.14
2009	12 303	10 225	1 777	20 751	6.09	13.40
2010	14 819	12 587	2 310	25 096	6.25	14.01
2011	18 055	16 970	3 152	31 872	6.74	15.53
2012	22 182	19 392	3 828	37 745	7.07	15.40
2013	27 916	21 798	4 403	45 311	7.71	15.55
2014	33 003	24 233	5 043	52 193	8.20	15.97

资料来源：1990—1999年社会保险基金支出来自《中国劳动统计年鉴2003》第553页表11-25；2000—2013年社会保险基金支出来自《中国人力资源和社会保障年鉴工作卷2014》第746页表5-1；2014年社保基金支出来自人社部网站"人力资源和社会保障事业发展统计公报"。1998—2006年财政社会保障支出来自《中国财政年鉴2010》第457页"1998—2006年全国财政社会保障支出情况表"；财政对社保基金的补助来自《中国财政年鉴2008》第425页"1998—2007年全国社会保障支出情况表"；

2007年财政社会保障支出仅包括社会保障和就业，医疗保障支出无法从医疗支出中分离出来。数据来自《中国财政年鉴2008》第337页"2007年国家财政预算、决算收支表"。2008年财政社会保障支出数据等于社会保障和就业支出与医疗保障支出之和，来自2008年全国财政支出决算表，财政部网站下载。2007年、2008年财政对社保基金的补助数据来自《中国财政年鉴2010》第458页"2007—2009年全国财政社会保障支出情况表"。1990—2008年财政支出数据来自《中国财政年鉴2009》第473页"国家财政收支总额及增长速度表（不包括国内外债务部分）"。1990—2008年GDP数据来自《中国财政年鉴2009》第475页"国家财政收入占国内生产总值的比重"。2009—2014年财政相关数据来自"全国一般（公共）财政支出决算表"（财政部网站下载）；GDP来自国家统计局网站。

表6-12提供了我国社会保障基金支出构成的信息，由此可知，养老保险支出在整体社会保险支出中占绝对比重，但其趋势是下降的，由1995年的96.6%下降到2013年的71.0%。与此同时，基本医疗保险支出持续上升，由1995年0.8%上升至2013年的24.4%，现已成为我国社会保险的第二大支出。

表6-12 1990—2014年我国社会保险基金支出总额和构成

单位：亿元、%

年份	总额	基本养老保险	失业保险	基本医疗保险	工伤保险	生育保险
1990	152	98.3	1.6			
1991	176	98.3	1.7			
1992	327	98.4	1.6			
1993	482	97.6	1.9	0.3	0.1	0.1
1994	680	97.2	2.1	0.4	0.1	0.1
1995	877	96.6	2.2	0.8	0.2	0.2
1996	1 082	95.3	2.5	1.5	0.3	0.3
1997	1 339	93.4	2.7	3.0	0.5	0.4
1998	1 637	92.3	3.4	3.3	0.5	0.4
1999	2 108	91.3	4.3	3.3	0.7	0.3
2000	2 386	88.7	5.2	5.2	0.6	0.3

续表

年份	总额	基本养老保险	失业保险	基本医疗保险	工伤保险	生育保险
2001	2 748	84.5	5.7	8.9	0.6	0.3
2002	3 472	81.9	5.4	11.8	0.6	0.4
2003	4 016	77.7	5	16.3	0.7	0.3
2004	4 628	75.7	4.6	18.6	0.7	0.4
2005	5 401	74.8	3.8	20	0.9	0.5
2006	6 477	75.6	3.1	19.7	1.1	0.6
2007	7 888	75.6	2.8	19.8	1.1	0.7
2008	9 925	74.5	2.6	21	1.3	0.7
2009	12 303	72.3	3	22.7	1.3	0.7
2010	15 019	71.6	2.8	23.6	1.3	0.7
2011	18 653	71.6	2.3	23.8	1.5	0.7
2012	22 802	71.0	2.0	24.3	1.8	1.0
2013	27 916	71.0	1.9	24.4	1.7	1.0
2014	33 003	70.7	1.9	24.6	1.7	1.1

资料来源：1990—1999年数据来自《中国劳动统计年鉴2003》第553页表11-25；2000—2013年数据来自《中国人力资源和社会保障年鉴工作卷2014》第746页表5-1；2014年数据来自人社部网站"人力资源和社会保障事业发展统计公报"。

由上述可知，社会保障和就业支出与其他两项相比，不仅金额大，同时包括最低生活保障支出等重要的支出科目。为了考察城乡居民最低生活保障支出的相对规模，表6-13显示了社会保障和就业支出的主要构成项目。由此可以看出，除了财政对社会保险基金的补助之外，行政事业单位离退休金的规模最大，2014年占比为22.97%。与此相比，城乡居民最低生活保障占比较低，同年为14.14%。

表 6-13　1998—2014 年社会保障和就业支出的绝对数和构成

年份	绝对额（亿元）	比重（%）						
		财政对社会保险基金的补助	行政事业单位离退休金	就业补助	城市居民最低生活保障	农村居民最低生活保障	自然灾害生活救助	其他
1998	596	3.62	46.06	1.09	1.49	—	8.82	38.92
1999	1 197	14.17	32.90	0.34	1.50	—	2.70	48.39
2000	1 518	19.68	31.54	0.42	1.74	—	2.05	44.57
2001	1 987	17.26	31.43	0.34	2.30	—	1.80	46.86
2002	2 636	19.62	29.92	0.43	3.86	—	1.46	44.70
2003	2 656	18.60	33.70	3.74	6.05	—	2.14	35.78
2004	3 116	16.68	32.99	4.18	5.74	—	1.57	38.84
2005	3 699	15.61	31.49	4.35	5.36	—	1.70	41.49
2006	4 362	20.38	30.50	7.92	5.53	—	1.63	34.05
2007	5 447	23.41	28.77	6.81	5.43	—	1.68	33.90
2008	6 804	23.97	26.64	6.09	6.05	—	5.25	32.01
2009	7 607	23.36	27.51	6.72	6.81	—	1.61	33.99
2010	9 131	25.30	25.78	6.84	5.91	4.89	3.65	32.52
2011	11 109	28.38	24.64	6.03	6.08	7.29	2.09	32.78
2012	12 586	30.42	22.63	5.85	5.29	7.65	2.16	33.64
2013	14 491	30.39	22.14	5.68	5.27	9.43	1.66	34.87
2014	15 969	31.58	22.97	5.45	4.62	9.52	1.32	34.06

资料来源：1988—2006 年数据来自《中国财政年鉴 2008》第 425 页"1998—2007 年全国社会保障支出情况表"；2007—2014 年数据来自"全国一般（公共）财政支出决算表"（财政部网站下载）。

6.6.3 数据和实证方法

1. 资料来源

本书所用数据为 CHIP 项目 2013 年住户调查数据。[①] 我们按照全国各地区的农村、城镇、流动人口数对样本进行了加权，由此估计的人均可支配收入水平和基尼系数具有全国代表性。

2. 实证方法

本书通过计算 MT 指数和 P 指数来考察不同社会保障支出的再分配效应。MT 指数分解方法是研究财税政策再分配效应中重要的方法（具体介绍详见前文 6.5）。

6.6.4 实证结果及分析

前文通过宏观数据考察了我国社会保障支出的规模和构成，本部分运用微观住户数据，实证分析社会保障支出的居民收入分配效应，具体要回答的问题为：离退休金、养老保险、低保以及报销医疗费等主要社会保障支出，是在扩大居民收入差距还是在缩小居民收入差距？

表 6-14 展示了 2013 年全国、农村、城镇、流动人口的主要社会保障支出的人均值，其目的是显示主要社会保障支出分配的不平等。从表 6-14 中可以看出，对农村、城镇、流动人口来说，离退休金在各项主要的社会保障支出中人均值最高，其次依次是城镇居民社会养老保险、报销医疗费、新型农村养老保险和最低生活保障。城镇户籍居民的人均离退休金为 5406 元，约是农村居民的 21.7 倍、流动人口的 17.1 倍。这意味着离退休金在城乡居民之间、城镇常住人口内部的分布都非常不均等。类似的还有报销医疗费，城镇居民的人均报销医疗费约是农村居民的 2.1 倍、流动人口的 10.2 倍。城镇居民人均低保收入约是农村居民的 1.4 倍、流动人口的 21 倍，说明最低生活保障的城乡差距小于离退休金，但不具备城镇户籍的

[①] 样本户数为 18128 户，样本人数为 62603 人，包括农村住户、城镇户籍住户以及居住在城镇的农村流动人口住户，其中农村 10551 户、39421 人；城镇 6866 户、20339 人；流动人口 711 户、2843 人。样本涉及北京、辽宁、广东、江苏、山东、山西、安徽、河南、湖北、湖南、重庆、四川、云南、甘肃、新疆维吾尔自治区。

流动人口可获得的低保收入水平非常低。农村居民人均值高于城镇居民的社会保障支出项目为社会救济、新型农村养老保险以及退耕还林还草补贴、粮食直接补贴等现金政策性惠农补贴。其中农村居民的人均社会救济收入为29元，约是城镇居民的1.4倍、流动人口的9.7倍。可见，除离退休金外，流动人口的主要社会保障支出人均值均低于城镇和农村居民。此外，在农村居民内部，人均粮食直接补贴水平要高于退耕还林还草补贴。

表6-14　2013年主要社会保障支出的人均水平

单位：元

主要社会保障支出	全国	农村	城镇	流动人口
离退休金	2 369	249	5 406	317
城镇居民社会养老保险	168	46	357	10
新型农村养老保险	61	106	27	8
其他养老金	24	22	34	1
最低生活保障	32	31	42	2
社会救济	22	29	21	3
报销医疗费	110	82	173	17
退耕还林还草补贴	6	12	2	1
粮食直接补贴	25	52	2	3
其他现金政策性惠农补贴	26	54	3	4

表6-15显示，如果不考虑社会保障支出，全国居民人均可支配收入的基尼系数为0.4689，总收入中加入来自政府的社会保障支出后，居民人均可支配收入基尼系数变为0.4440。可见，经过社会保障支出的调节，居民收入不平等指数下降了0.0249，这意味着，我国的社会保障支出具有改善收入分配的作用。若不包括社会保障支出，农村居民可支配收入基尼系数为0.4307，城镇居民可支配收入基尼系数为0.4298；包括社会保障支出后，农村居民和城镇居民的可支配收入基尼系数下降到0.4150和0.3542，分别下降了0.0157和0.0756。可见，社会保障支出在农村和城镇内部均

具有缩小收入差距的作用，但社会保障支出对城镇居民的收入分配效应更大。社会保障支出对流动人口的收入分配作用最小，社会保障支出的转入仅使流动人口的可支配收入基尼系数降低了 0.0037。

此外值得注意的是，不包括社会保障支出时，城乡收入比为 2.4（24411/10322），但加入社会保障支出后，城乡收入比扩大到了 2.8（30514/11039）。这意味着，经过社会保障支出的调节，城乡居民之间的收入差距反而扩大了，社会保障支出产生了"逆向调节"。这一点与王延中（2016）的研究结论一致。

表 6-15　2013 年社会保障支出对基尼系数的影响

人口分组	不包括社会保障支出 人均可支配收入（元）	基尼系数	包括社会保障支出 人均可支配收入（元）	基尼系数	再分配效应
全国	17 616	0.4689	20 493	0.4440	0.0249
农村	10 322	0.4307	11 039	0.4150	0.0157
城镇	24 411	0.4298	30 514	0.3542	0.0756
流动人口	21 805	0.3549	22 181	0.3512	0.0037

从表 6-16 可以看出，2013 年城乡居民人均可支配收入中，工资性收入占比最高，为 55.72%，其次依次为转移性收入、经营净收入、自有住房折算租金和财产净收入，占比分别为 16.21%、15.30%、12.73% 和 3.56%。转移性收入包括来自政府的转移性收入和来自非政府的转移性收入。来自政府的社会保障支出（对居民而言为社会保障收入）为我们考察的重点，表 6-16 中显示社会保障支出的主要构成项目。从表 6-16 中可知，社会保障支出主要为离退休金，其占比约为 82.3%（= 11.56%/14.04%×100），其余按占比由大到小依次是城镇居民社会养老保险、报销医疗费、新型农村养老保险、现金政策性惠农补贴、最低生活保障和社会救济，其占人均总收入的比重分别约为 0.82%、0.54%、0.30%、0.28%、0.16% 和 0.11%。上述所列各项占主要社会保障支出的 98%。

表 6-16 2013 年人均可支配收入基尼系数与分项收入集中率

收入来源	基尼系数和集中率*	收入比重（%）	P 指数
总收入	0.4440	100.00	
工资性收入	0.4813	55.72	0.0373
经营净收入	0.2608	15.30	-0.1832
财产净收入	0.5503	3.56	0.1063
自有住房折算租金	0.4581	12.73	0.0141
转移性收入	0.4612	16.21	0.0172
其中：来自政府	0.5236	14.14	0.0796
社会保障支出	0.5265	14.04	0.0825
离退休金	0.5954	11.56	0.1514
城镇居民社会养老保险	0.4833	0.82	0.0393
新型农村养老保险	-0.0294	0.30	-0.4734
其他养老金	0.2476	0.12	-0.1964
最低生活保障	-0.3580	0.16	-0.802
社会救济	-0.1319	0.11	-0.5759
报销医疗费	0.4401	0.54	-0.0039
现金政策性惠农补贴	-0.3346	0.28	-0.7786
来自非政府	0.0356	2.07	-0.4084

注：此栏中数字除总收入为基尼系数外，其他均为集中率。*社会保障支出的几项构成并未包括所有的社会保障支出，故所列分享构成并不等于来自政府转移性收入的总数。

以下考察主要社会保障支出的居民收入分配效应。社会保障支出为人均可支配收入的来源之一，因此以下按分项收入对总收入差距贡献的方法进行考察。某项收入构成（或分项收入）对总收入差距的效应由该项收入（按总收入排序计算的）集中率与总收入的基尼系数之间的大小关系决定。如果某一分项收入的集中率大于总收入的基尼系数，则 P 指数大于 0，说明该分项收入较总收入分配得更不平均，其大部分集中于高收入人群，而低收入人口得到的却较少（如财产收入），因此为扩大总收入差距的因素。

当该项收入在总收入中的占比提高时,① 总收入的基尼系数会随之上升,即总收入的不平等程度将加剧。

表6-16第二列的"基尼系数和集中率"给出了总收入的基尼系数及其分项收入的集中率（该列中,只有与总收入对应的数字为基尼系数,即总收入的基尼系数,其余均为各分项收入的集中率）,因此通过比较分项收入集中率与总收入基尼系数大小,即可判断每个分项收入对总收入差距的作用方向。

表6-16第二列的"基尼系数和与集中率"显示,人均可支配收入总额的各项构成中,工资性收入、财产净收入、自有住房折算租金和转移性收入的集中率均高于总收入的基尼系数（财产净收入尤为如此）,因此为扩大居民收入整体差距的因素。与此相反,经营净收入的集中率低于总收入的基尼系数,因此为居民收入差距的缩小因素。

我们关注的焦点为社会保障支出的分配效应,我们对此进行考察。社会保障支出的集中率为0.5265,显著高于0.4440,P指数大于0,由此可以说,社会保障支出发挥着扩大居民收入差距的作用。换句话说,按照目前政府转移性收入在居民之间的分配,政府进一步增加社会保障支出,将扩大居民收入差距。政府的社会保障支出是由不同的项目构成的,其中有离退休金、养老保险、低保和报销医疗费等,不同项目的社会保障支出,其收入分配效应是不同的,甚至是相反的,社会保障支出对收入差距的负面效应,实际上是各种不同转移性支付项目相互作用、相互抵消的结果,因此有必要对社会保障支出的分项进行考察。在分项社会保障支出中,离退休金的集中率最大,为0.5954,实际上与各分项收入相比均最高,远高于总收入的基尼系数,因此为扩大居民收入差距的力量。城镇居民社会养老保险的集中率也超过了总收入的基尼系数,虽然超出幅度不及离退休金,但仍然是加大居民收入不平等的因素。换句话说,按照目前城镇居民社会养老保险的制度设计,高收入人群从中受益程度较低收入人群更大。集中率低于总收入基尼系数的政府转移性收入有最低生活保障、新型农村养老

---

① 严格地讲,"某一分项收入占总收入的比重提高"指的是每个人的该项收入按同一比率增长,即保持该分项收入的分布不变。该分项收入占比变化的同时,其分布也发生变化的话,其对总收入差距的效应则是不定的。

保险、社会救济、现金政策性惠农补贴。报销医疗费的集中率略微低于总收入的基尼系数，从边际效应来看对总收入差距缩小力量较弱。城乡低保的集中率，为-0.3580，是人均可支配收入的所有构成项目中集中率最低的，或者说对低收入人群倾向最强的收入构成。这说明，它不但是缩小居民收入不平等的力量，在金额相对的情况下，在缩小总收入差距上，它的力量最大。

通过比较分项收入集中率与总收入基尼系数的方法来评价社会保障支出的收入分配效应，虽十分精确，但欠简单明了。下面通过收入分组的办法，通俗易懂地分析不同社会保障支出的收入分配效应。

表6-17a和表6-17b分别为按不包括和包括社会保障支出的人均可支配收入排序的主要社会保障支出在总收入（即人均可支配收入）十等分组之间的分布。先来看总收入的差距程度。表6-17a显示，如果按照不包括社会保障支出的总收入排序，收入十等分组中最低组占总收入的比重为0.62%，而最高组的比重则为32.63%，该比重随收入水平的上升而直线上升。这意味着，我国城乡居民收入最低的10%人群仅占有居民收入总额的0.62%，而收入最高的10%人群则拥有居民收入总额的32.63%。通过简单的换算可知，在收入十等分组中，最高组人均可支配收入约为最低组人均可支配收入的52.6倍（=32.63%/0.62%）。这些数字显示了居民可支配收入（即总收入）分配的不平等程度。

若总收入中包括了社会保障支出，我们可以明显地从表6-17b中看出，收入十等分组中第1组到第8组的收入份额都有所上升，而收入最高的第9组和第10组收入份额下降，这说明，政府的社会保障支出偏向于分配给中低收入者，因而降低了总人口中的收入不平等程度。这一点与前文分析是否包括社会保障支出的居民总收入基尼系数结论一致。

表6-17a 主要社会保障支出在收入十等分组的分布

单位:%

收入十等分组	总收入	离退休金	城镇居民社会养老保险	新型农村养老保险	最低生活保障	社会救济	报销医疗费	现金政策性惠农补贴
1	0.62	18.41	10.09	12.76	29.15	18.84	16.91	19.80
2	2.55	10.70	8.04	12.59	19.42	17.55	10.58	19.02

续 表

收入十等分组	总收入	离退休金	城镇居民社会养老保险	新型农村养老保险	最低生活保障	社会救济	报销医疗费	现金政策性惠农补贴
3	3.71	8.99	14.21	12.57	11.20	14.39	11.07	15.94
4	4.97	10.12	12.18	9.79	11.95	11.79	8.23	14.37
5	6.40	9.41	12.76	14.83	10.67	7.02	8.02	11.3
6	8.13	7.85	11.04	9.85	6.53	10.08	6.33	8.32
7	10.24	8.58	10.01	8.20	5.46	6.81	11.04	5.29
8	13.06	8.03	5.22	8.82	4.63	6.91	6.74	3.54
9	17.68	8.38	10.99	6.25	0.94	2.71	10.50	1.54
10	32.63	9.54	5.46	4.34	0.05	3.90	10.58	0.89
合计	99.99	100.01	100.00	100.00	100.00	100.00	100.00	100.01

注：收入按不包括社会保障支出的人均总收入排序分组。因四舍五入，各组的比重合计不一定精确地等于100。

表6-17b 主要社会保障支出在收入十等分组的分布

单位:%

收入十等分组	总收入	离退休金	城镇居民社会养老保险	新型农村养老保险	最低生活保障	社会救济	报销医疗费	现金政策性惠农补贴
1	1.07	0.47	0.48	8.44	18.74	8.27	3.63	20.64
2	2.80	0.53	1.47	10.20	20.27	14.12	4.47	17.68
3	3.93	1.02	1.81	11.50	12.63	14.03	4.54	17.63
4	5.23	1.92	3.08	10.28	14.27	14.82	5.80	13.55
5	6.69	4.30	5.79	10.60	10.93	8.59	6.31	12.53
6	8.39	6.24	8.38	11.35	7.77	10.00	5.39	8.23
7	10.40	9.79	12.33	11.77	8.35	11.25	6.92	4.52
8	13.18	15.49	18.21	11.48	4.50	10.15	7.41	3.31
9	17.38	21.74	25.75	8.28	1.96	3.24	12.71	1.14

续表

收入十等分组	总收入	离退休金	城镇居民社会养老保险	新型农村养老保险	最低生活保障	社会救济	报销医疗费	现金政策性惠农补贴
10	30.94	38.49	22.70	6.12	0.59	5.53	42.81	0.76
合计	100.01	99.99	100.00	100.02	100.01	100.00	99.99	99.99

注：收入按包括社会保障支出的人均总收入排序分组。因四舍五入，各组的比重合计不一定精确地等于100。

下面分别观察离退休金和城镇居民社会养老保险。表6-17a的相关数据显示，离退休金在收入最低组的比重为18.41%，最高组为9.54%，这意味着按照接受政府社会保障支出之前的总收入排序，离退休金总额的18.41%分配给了收入最低的10%人群，9.54%分配给了收入最高的10%人群。这说明，如果以未包括社会保障支出的居民总收入分布为参照系，离退休金的分布偏向于低收入人群，因而具有改善收入分配的作用。而如表6-17b所示，如果按照包括政府社会保障支出的人均总收入排序，离退休金总额落在收入最低10%人群的比重却仅有0.47%，相反，最高收入组却拥有离退休金总额的38.49%。在最低组所占比重上，离退休金低于总收入，而在最高组的比重上，离退休金却明显高于总收入，这说明离退休金的分布较包括社会保障支出的总收入的分布更不平等，这也是作为分项收入的离退休金为何起到扩大总收入（包括社会保障支出）差距的原因所在。城镇居民社会养老保险的分布情况与离退休金类似，若按照包括社会保障支出的收入排序，二者的分布均偏向于高收入人群，差别在于高收入人口占有的城镇居民社会养老保险份额低于离退休金，因而城镇居民社会养老保险分布的不平等程度要低于离退休金。这也是为什么城镇居民社会养老保险的集中率小于离退休金。与之相反，新型农村养老保险的分布却明显倾向于中低收入人群，表现在表6-17b中第1组到第7组的新型农村养老保险份额高于总收入份额，这是新型农村养老保险的集中率低于包括社会保障支出的总收入基尼系数的原因所在。

其他社会保障支出的收入分配效应可以同样分析。先来考察最低生活保障。无论是否按照包括社会保障支出的人均可支配收入排序，低保总额在不同收入组之间的分布均随收入的增加而直线下降（第 2 组与第 1 组相比除外），这说明低保的分布明显倾斜于低收入人群。表 6-17b 显示，最低组的低保收入比重为 18.74%，而最高组为 0.59%，这说明在收入十等分组中，最低组占有政府低保支出的近 20%，而最高组拿到低保收入总额的不足 1%，最低收入组的人均低保收入约为最高组的 31.8 倍（18.74%/0.59%）。这就是低保缩小居民收入差距的根源。与低保支出分布情况类似的是现金政策性惠农补贴，该项收入等于退耕还林还草补贴、粮食直接补贴和其他现金政策性惠农补贴之和。

从表 6-17b 可以看出，政策性惠农补贴的分布明显地集中在第 1 组到第 5 组低收入人群，最低收入 10% 人群得到的现金政策性惠农补贴约是最高收入 10% 人群的 27.2 倍（20.64%/0.76%），这意味着现金政策性惠农补贴也具有较强改善收入分配的作用。除低保外的社会救济支出也偏向于分配给中低收入人群，但高收入者占有的社会救济支出份额高于其可获得的低保和现金政策性惠农补贴份额，因而社会救济支出虽然也为缩小收入差距的来源，但其对收入不平等的改善作用弱于低保和政策性惠农补贴。

报销医疗费在不同收入组之间的分布很特殊。表 6-17a 和表 6-17b 中的相关数据显示，若按照不包括社会保障支出的人均可支配收入排序，报销医疗费主要集中在收入较低的第 1 组到第 5 组人群中。而如果按照包括社会保障支出的人均可支配收入排序，报销医疗费在收入最高组的比重为 42.81%，这意味着目前医疗保险费总额的 42.81% 被收入最高 10% 的人群领走了。收入次高的第 9 组人群占有的报销医疗份额为 12.71%，从而收入最高的 20% 人群获得的报销医疗费超过了全部人口报销医疗费总额的 55%。其余 8 组的比重，略有随收入上升而上升的趋势，但并不十分明显，且均未超出 10%。为何报销医疗费分配不均衡？为何如此集中于最高收入人群？这一点有待于进一步研究，其中的政策含义至关重要。

6.6.5 主要结论与政策建议

在由市场因素决定的居民收入差距上，我国虽略高于发达国家，但相差不大。我国可支配收入不平等程度显著高于发达国家的主要原因在于，我国政府收入再分配政策的调节力度较发达国家而言不足。鉴于此，本书基于CHIP2013数据，使用MT指数、P指数测算了我国主要社会保障支出的收入分配效应。

宏观数据研究显示，无论是从国际比较还是我国实际经济发展水平来看，我国社会保障支出水平较低，因此应继续加大对居民社会保障的投入力度。微观研究发现，使用MT指数的计算结果表明，我国的社会保障支出具有改善居民收入分配的作用。

考察分项社会保障支出的收入分配效应我们发现，按照目前政府转移性收入在居民之间的分配结构，政府进一步增加社会保障支出将扩大居民收入差距。在分项社会保障支出中，离退休金的集中率最大，远高于总收入的基尼系数，因此为扩大居民收入差距的力量。最低生活保障是对低收入人群倾向最强的收入构成，在金额一定的情况下，它在缩小总收入差距上的力量最大。但低保在总收入中所占份额较低，它对基尼系数的降低作用并不明显。

第7章

缩小居民收入差距：市场因素和政府政策哪个更重要？

7.1 收入差距与政府政策

政府政策会影响居民收入水平及其差距。例如，行业垄断是影响收入分配的重要因素之一，而目前我国的行业垄断主要为行政性行业垄断，是政府政策的直接结果。行政性行业垄断让相关行业从业人员得到不合理的高收入，同时通过产品和服务的垄断高价使广大消费者承受巨额负担。

政府的财政支出政策的收入分配效应也很明显。在众多的财政支出中，低保等社会保障支出属于政府向居民家庭的直接收入转移政策，加上其政策目标直接瞄准最低收入人群，与保障房、教育、医疗等其他民生支出相比，其收入分配效应更明显（蔡萌、岳希明，2016）。

此外，税收政策同样具有显著的收入分配功能（具体介绍详见前文6.1）。

7.2 收入差距的产生机制和政策再分配效应的研究方法

在家庭收入形成的过程中，初次收入分配之后的是政府部门介入的再分配过程。再分配过程是在初次分配中形成的市场收入基础上进行的，其中既包括政府向居民家庭的转移性支出（对居民家庭而言是转移性收入），也包括居民向政府缴纳个人所得税和社会保障缴费。市场收入加上转移性收入，再减去个人所得税和社会保障缴费就形成了居民家庭的可支配收入。这是家庭最终可自由支配用于消费和积累的收入，是再分配过程的结果。

就再分配政策的倾向性而言，转移性支出和个人所得税是不同的。转移性支出（具体包括低保、养老金等）主要是政府通过社会保障、社会救济等转移支付制度支付给居民家庭的。政府对住户的无偿转移性支出对政府而言为财政支出,但对家庭来说是收入。政府转移性支出的对象主要为低收入家庭,它在再分配过程中主要承担着提高低收入群人收入水平的作用,因此,转移性收入的再分配目标主要为"提低"。而个人所得税及社会保障缴费是家庭向政府的收入转移,且具有明显的累进性,即居民收入中税负和缴费额的比例会随收入水平的升高而增加。可见,个人所得税和社会保障缴费有限制高收入人群收入水平的作用,其应发挥的再分配效果为"限高"。社会保障缴费率的上限限制并降低了其累进性和在限制高收入人口收入水平中的作用,但个人所得税的"限高"特征依然比较显著。

转移性支出使居民的可支配收入增加,而个人所得税则会削弱家庭的购买力。据此我们可以定义不同政策工具介入前、后的居民收入。通过计算、比较不同口径收入下的不平等指数,我们就可以测算转移性支付、个人所得税等再分配政策工具对居民收入不平等的调节方向和程度。从定义上讲,市场收入加上来自政府的转移性收入,再减去个人所得税和社会保障缴费是居民家庭的可支配收入。市场收入和可支配收入在基尼系数等不平等指数上的差异即是这两种政策工具的收入再分配效应的具体体现。很显然,居民家庭在市场收入上的不平等,是由市场力量决定的居民收入差距,而在可支配收入上的差距,则是政府对市场力量形成的收入不平等的介入或纠正。通过这两种收入口径下不平等指标的比较,即可判断政府的再分配政策效应。以往文献通常把居民家庭总收入定义为市场收入与转移性收入之和,总收入减去个人所得税和社会保障缴费之后的为可支配收入。市场收入基尼系数与总收入基尼系数之间的差异是政府转移性支出收入分配效应的体现,而总收入基尼系数和可支配收入基尼系数之间的差异则反映个人所得税和社会保障缴费的收入分配效应。图7-1直观地展示了收入的不同定义和政府的收入再分配政策在居民收入形成中的作用。

从上文讨论可知,每一项政府政策都不同程度地影响居民收入差距,本书从中选取转移性支付和个人所得税两个政策工具进行考察,其原因在于,这两项政策工具是政府运用财政手段调节居民收入再分配的最主要政策,其对居民收入的影响是直接的、可预见的,基本不存在不确定性,所需分析手段也较为简单。不仅如此,相同研究常见于其他国家,由此可以

```
        ┌─────────────┐
        │   市场收入   │
        └─────────────┘
              │
  ┌──────────┐│
  │转移性支付：││
  │低收入人口收入增加│→
  └──────────┘│
              ▼
        ┌─────────────┐
        │    总收入    │
        └─────────────┘
              │         ┌──────────────┐
              │────────▶│个人所得税和   │
              │         │社会保障缴费：  │
              │         │高收入人口收入减少│
              ▼         └──────────────┘
        ┌─────────────┐
        │  可支配收入  │
        └─────────────┘
```

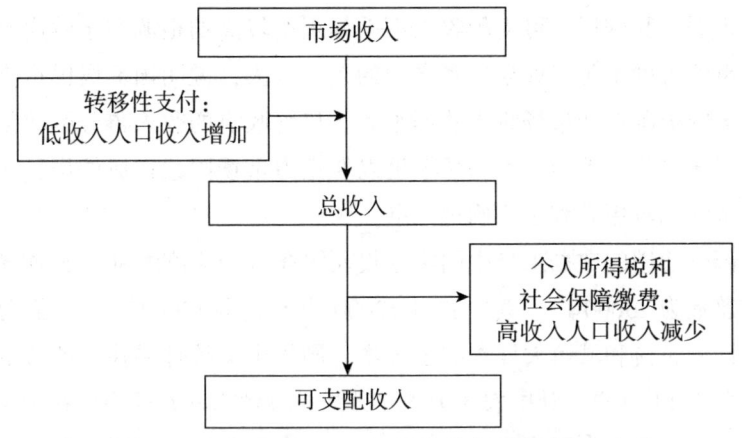

图 7-1　政府收入再分配政策与收入的定义

进行国际比较。通过计算我国居民市场收入和可支配收入基尼系数，并将之与其他国家比较，本书发现：在市场收入基尼系数上，我国和其他国家差异不大；经过政府收入再分配政策调节后，各国居民收入不平等程度均有所下降，即可支配收入基尼系数小于市场收入基尼系数。但与其他国家相比，我国居民收入不平等的下降幅度非常小，这表现在我国的可支配收入基尼系数远远高于其他国家。这说明，我国居民人均可支配收入不平等程度之所以如此高，其主要原因是政府的收入再分配政策力度不够，而不是市场力量。

7.3　收入再分配政策力度不足是我国居民收入不平等的主要原因

本部分应用住户调查数据，首先计算我国居民市场收入、总收入以及可支配收入的基尼系数，由此考察政府的收入再分配政策效应，然后通过国际比较（主要与发达国家比较），考察中国收入分配的特殊性。

一国居民收入不平等程度的高低，通常以人均可支配收入衡量。如果市场收入和可支配收入基尼系数之间差异较小，说明政府的收入再分配政策效应很弱。我国居民可支配收入不平等程度较高的根源在于政府收入再分配政策的力度不足。如果二者之间的差异很大，说明国家居民可支配收入不平等的根源在于市场收入的不平等。尽管政府的收入再分配政策显著地缩小了居民收入差距，但仍然不足以纠正由市场因素造成的居民收入不平等。国际比较更有利于明确这一点。

本部分使用的数据来自中国家庭收入调查 2007 年的数据。此次调查住户样本总数为 23000 户，其中农村 13000 户、城镇 10000 户。它们分别是国家统计局农村和城镇大样本的子样本，同年国家统计局住户调查的住户样本总数为 14 万户，其中农村为 7.4 万户、城镇为 6.6 万户。在国家统计局的住户样本具有全国代表性的前提下，收入分配课题组样本是否具有全国代表性，判断标准在于从该样本产生的居民人均可支配收入水平及其差距与国家统计局大样本的相关数值之间的差异程度。如果差距很小，则说明收入分配课题组的小样本具有全国代表性，反之就不具有代表性。在人均可支配收入水平及其分散（以基尼系数衡量）上，两个样本十分接近①，这说明收入分配课题组的农村样本和城镇样本具有全国代表性。本书以下用全国城乡人口，并把收入分配课题组的农村和城镇样本进行加权，由此估计不同定义的全国居民人均可支配收入水平及其基尼系数。②

在国家统计局的住户调查中，农村居民和城镇居民的可支配收入均被划分为四项：工资性收入、经营净收入、财产净收入和转移性收入，其中的转移性收入既包括来自政府的，也包括来自非政府的，另外还有个人所得税和社会保障缴费信息可利用。在可支配收入的四项构成中，工资性收入、经营净收入以及财产净收入合计为市场收入，市场收入加上来自政府的转移性收入为总收入，总收入减去个人所得税与社会保障缴费为可支配收入。在此值得强调的是转移性收入。考察政府收入再分配政策时，转移性收入应当仅包括来自政府的部分，而不应包括来自非政府的转移性收

---

① 国家统计局公布的 2007 年农村人均纯收入的基尼系数为 0.374，收入分配课题组样本为 0.377；城镇人均可支配收入的基尼系数，国家统计局为 0.34，收入分配课题组样本也是 0.34。

② 2012 年之前，国家统计局住户调查的城镇部分使用可支配收入的概念，而农村部分则使用纯收入的概念。其中的农民纯收入虽然与可支配收入有一定的区别，但是差异不大，在此我们把农民纯收入等同于可支配收入的概念。

入,由此才能将政府的转移性支付效应独立出来。但在我们所用的数据资料中,转移性收入既包括来自政府的转移性收入,也包括来自政府之外的转移性收入。在城镇住户数据中,转移性收入可以区分为来自政府和来自非政府的两部分①,我们把来自非政府的转移性收入归并到市场收入中,②而来自政府的转移性收入用来考察政府转移性支付的收入再分配效应。但在农村住户数据中,二者无法区分开,对此我们假定所有的转移性收入均来自政府。这一假定可能与实际不符。与今天相比,2007年农村的社会保障制度尚未普及,规模更小,因此当时农户的转移性收入应当主要是来自非政府的转移性收入。在农户可支配收入中,转移性收入占比较小(216/4321×100%,见表7-1),因此即使将其当成来自政府的转移性收入,对收入分配效应的估计值可能影响并不大。③ 表7-1给出了四项收入构成以及三种收入的均值。

表7-1 不同收入的均值

单位:元

	市场收入	总收入	可支配收入	转移性收入	个人所得税*
全国	8 457	10 084	9 456	1 627	628
农村	4 117	4 333	4 321	216	12
城镇	13 594	16 892	15 534	3 298	1 358

注:*包括社会保障缴费。

对数据进行介绍之后,下面报告基尼系数以及其他不平等指数的估计结果。表7-2给出2007年我国市场收入、总收入、可支配收入的基尼系

---

① 2007年城镇数据中来自政府的转移性收入包括养老金或离退休金、社会救济收入(包括最低生活保障收入)、赔偿收入、失业保险、记账收入;来自非政府的转移性收入包括来自单位的辞退金、保险收入(不包括失业保险)、住房公积金、家庭间的捐赠收入和赡养收入以及其他转移性收入(如亲友搭伙费、单位发放的抚恤金、军人的转业费、复员费、各种有奖彩票的中奖收入等)。

② 来自非政府的转移性收入本质上并不是市场收入,但丢掉它会导致收入不完整,使其作为独立的收入构成会增加收入的种类,从而增加解释的复杂性。与纯粹的市场收入相比,其规模较小,因此即使将其作为市场收入的一部分处理,对分析结论并没有太大的影响。

③ 为了考察农户转移性收入这一缺陷对政府收入再分配政策效果估计结果的影响,我们假定农村转移性收入全部来自非政府(即来自政府的转移性收入等于0),将其归并到市场收入中。由此得到的分析结果与假定农户所有转移性收入均来自政府的估计结果相差不大。相关结果可向作者索取。

数估计值以及转移性支付和个人所得税（包括社会保障缴费）的收入再分配效应。由市场力量决定的居民收入不平等程度体现在市场收入基尼系数上。由表7-2可知，2007年全国人均市场收入基尼系数和可支配收入基尼系数分别为0.5197和0.4813，二者之差为0.0384。如上面所述，在基尼系数上市场收入和可支配收入之间的差异是衡量政府收入再分配政策调节程度的指标，由此可知，通过政府的收入再分配政策，我国居民收入不平等约下降了7.4%（0.0384/0.5197）。作为我国政府收入再分配政策对居民收入不平等的调节幅度，我们将通过国际比较评价该数值的高低。

表7-2 2007年我国政府收入再分配效应

收入定义	全国	农村	城镇
	基尼系数		
市场收入	0.5197	0.3839	0.4369
总收入	0.4904	0.3764	0.3437
可支配收入	0.4813	0.3769	0.3472
	收入再分配效应		
总效应	0.0384	0.0070	0.0897
其中：转移性支付	0.0293	0.0075	0.0932
个人所得税	0.0091	-0.0005	-0.0035
	相对效应（%）		
总效应	100.00	100.00	100.00
转移性支付	76.30	107.14	103.90
个人所得税	23.70	-7.14	-3.90

此处考察的政府收入再分配政策包括两个：转移性支付和个人所得税。为了观察二者收入再分配效应大小，我们将收入再分配政策的总体效应做如下分解。市场收入基尼系数与总基尼系数之差是衡量转移性支付收入再分配效应的指标，而总收入与可支配收入基尼系数的差异则反映了个人所得税和社会保障缴费的收入分配效果。由表7-2可知，二者分别是0.0293和0.0091，分别约占再分配政策总效应的76.30%和23.70%。

这说明从基尼系数的变化幅度上看，转移性支付政策较个人所得税的收入再分配效应更强。这一点与国际经验相吻合，以下分析将证实这一点。

在农村，与市场收入相比，总收入和可支配收入的基尼系数变化不大，这说明政府的收入再分配政策在农村基本没有效力。与市场收入相比，总收入的基尼系数仅仅下降了0.0075，这本身就是一个很小的数值，加之这里使用的转移性收入多为来自非政府的收入，因此政府的转移性支出政策对农村居民收入差距的调节作用几乎为零。这一点主要是由当时农村社会保障制度缺失引起的。与总收入相比，可支配收入的基尼系数略有上升，其原因在于农村的税负多为对非农个体经营者课征的，而非农个体经营者本身并不是高收入人群。

政策的收入再分配效应在城镇表现尤为突出。与城镇人均市场收入基尼系数的0.4369相比，城镇可支配收入的基尼系数为0.3472，后者较前者低0.0897。这是收入再分配政策对城镇居民收入差距的总体调节效应，其中来自转移性支付和个人所得税的部分分别为0.0932和-0.0035，二者占比分别为103.90%和-3.90%。由此可见，作为收入再分配的政策工具，具有"提低"效应的转移性支出比具有"限高"效果的个人所得税更有效。转移性支出和个人所得税的收入再分配效果在农村和城镇之间具有显著差异，而其对全国居民收入不平等的调节作用则是城乡效果的"平均值"。

以上使用基尼系数考察了政府再分配政策的收入分配效应，下面采用分析收入等分组收入份额变化的方法观察政府政策的再分配效应，以从另一个角度支持上述结论。表7-3给出了全国、农村、城镇居民按人均市场收入排序分组后，每一组的市场收入、总收入、可支配收入十等分份额。与市场收入份额相比，如果低收入人口的总收入和可支配收入份额上升，则说明低收入人口的收入水平在再分配政策的调节下相对上升了，即政府政策降低了居民收入不平等程度。表7-3显示，与市场收入相比，低收入组的总收入和可支配收入份额有所上升，高收入组的相应收入份额有所下降。这一点对全国、农村、城镇居民而言都不例外。以全国为例，十等分组中最低收入组占市场收入的份额仅为0.8%，而其总收入和可支配收入份额分别为5.9%和6.3%。与此相反，最高收入组的收入份额从市场收入的41.9%分别至总收入的37.3%和可支配收入的35.8%。在不同等分组之间,份额由升到降的分界点明显地发生在第8等分组,以该组为分界点,收入份额变化由上升转为下降。分城乡观察收入份额的变化幅度,城镇大于农村,这说明在收入再分配政策的效应上,城镇强于农村。不仅如此,由转移性支付引起的份额变化明显大于由个人所得税引起的份额变化。这些变化趋势与上面对基尼系数的考察结果完全相同。这里值得解释的是,在城镇乃至全国,与其他低收入组相比,十等分组中最低收入组的收入份额上升十分显著。[①] 不仅如此,按市场收入分组的最低收入组,在总收入和可支配收入中的份额反而超过了其他低收入组(城镇的第2组至第5组)。这说明,市场收入最低的人群在经过政府的转移性支付和个人所得税再分配政策之后,其收入水平超过了按市场收入衡量的其他低收入组。之所以出现这种情况,其原因在于,城镇住户中存在许多靠退休金生活的老人家庭,他们虽然没有任何市场收入,但在得到退休金之后,其收入水平反而相对较高。

表7-3 2007年收入十等分组的收入份额变化

单位:%

十等分组	市场收入	总收入	可支配收入
全国			
1	0.8	5.9	6.3
2	2.1	2.5	2.7
3	2.8	3.0	3.2
4	3.6	3.7	3.9
5	4.4	4.5	4.8
6	5.7	5.9	6.2

---

① 以城镇为例,位于最低收入组的所有家庭,其占市场收入的比重为0.4%。同样是这些家庭,它们在总收入和可支配收入的比重分别上升至7.6%和8.2%,上升了7.2和7.8个百分点。与此相比,十等分组中第2组(收入水平仅高于最低收入组)收入份额仅上升了2.1和2.4个百分点。

续 表

十等分组	市场收入	总收入	可支配收入
7	7.7	7.8	8.0
8	11.7	11.3	11.4
9	19.3	18.0	17.8
10	41.9	37.3	35.8
农村			
1	2.2	3.1	3.1
2	4.5	4.7	4.7
3	5.7	5.8	5.8
4	6.8	6.8	6.8
5	8.0	8.0	8.0
6	9.3	9.2	9.2
7	10.6	10.5	10.6
8	12.5	12.3	12.3
9	15.2	15.0	15.0
10	25.3	24.6	24.6
城镇			
1	0.4	7.6	8.2
2	2.6	4.7	5.0
3	4.3	5.3	5.5
4	5.8	6.1	6.2
5	7.3	6.9	6.9
6	8.9	8.1	8.2
7	10.7	9.7	9.7
8	13.0	11.6	11.3
9	16.9	14.6	14.3
10	30.2	25.4	24.6

注：按人均市场收入排序分组。

从本部分考察可知，我国政府的转移性支付和个人所得税降低了居民在市场中形成的收入不平等，具体地说，基尼系数由市场收入的 0.5197 下降至可支配收入的 0.4813，降幅为 0.0384，其中的 0.0293 是由转移性支付带来的，另外的 0.0091 体现了个人所得税的调节效应。在此我们要问的是：使市场收入基尼系数降低了 0.0384 的政府收入再分配政策效应是大还是小？转移性支付的收入再分配效应明显强于个人所得税，在这一点上，中国是特殊还是具有一般规律性呢？为回答这些问题以及评价我国政府的收入再分配政策，我们需要参照系，需要其他国家的经验佐证，为此我们搜集了相关文献。

研究政府收入再分配政策的文献较多，我们从中选择了克里斯蒂安森（Kristjánsson）、马勒（Mahler）和耶稣（Jesuit）以及世界银行经济学者布兰科·米三诺维奇（Branko Milanovic）的研究成果。这几项研究的收入定义和本书基本一致，因此增强了与我国的可比性。[①] Milanovic（1999）给出了 24 个国家或地区三种收入定义的基尼系数，其中除中国台湾和俄罗斯外均属于 OECD 成员国。为了尽可能保证比较对象的一致性，在下列计算中，我们去掉了中国台湾和俄罗斯，由此仅剩下 22 个 OECD 成员国（以下简称 OECD22）。在该研究中，有基尼系数可利用的年份因国别而异，有些国家仅有一年的基尼系数可以利用（匈牙利、瑞士、捷克斯洛伐克等国），有些国家则有多年的基尼系数可以利用（如美国、英国和瑞典各有 6 年，加拿大有 5 年，荷兰有 4 年等）。基尼系数最早可以利用的年份为 1967 年，最近年份为 1997 年。由于数据的时间跨度较大，不仅国与国之间的基尼系数相差很大，而且某一国不同时期的基尼系数也相差很大，为了保持基尼系数的差异性和反映这些国家基尼系数的变化，在以下计算中，我们把每个国家在每个年份的基尼系数作为一个观测值处理，由此对三种收入定义的每一种收入得到 22 个国家共 73 个基尼系数估计值。

[①] Kristjánsson（2011）中的样本国有奥地利、比利时、德国、丹麦、西班牙、芬兰、法国、波兰、爱尔兰、冰岛、意大利、卢森堡、荷兰、挪威、葡萄牙、瑞典和英国。Mahler 和 Jesuit（2006）中的样本国有比利时、瑞典、荷兰、芬兰、法国、丹麦、德国、英国、挪威、奥地利、加拿大、美国、瑞士。Milanovic（1999）中的样本国有比利时、波兰、瑞典、瑞士、法国、德国、斯洛伐克、爱尔兰、匈牙利、丹麦、捷克共和国、荷兰、卢森堡公国、英国、意大利、芬兰、挪威、西班牙、澳大利亚、加拿大、以色列和美国。

Kristjánsson（2011）给出了16个OECD成员国（以下简称OECD16）三种收入定义的基尼系数。Mahler和Jesuit（2006）展示了13个发达国家（以下简称OECD13）的市场收入基尼系数、可支配收入基尼系数以及转移性支付和个人所得税在降低居民收入不平等中的作用。Kristjánsson（2011）中基尼系数的报告年份为2007年。Mahler和Jesuit（2006）中的数据来自13个国家1980年、1985年、1990年、1995年和2000年的59次LIS（Luxembourg Income Study，卢森堡收入研究所）调查数据。每个国家的基尼系数为不同年份基尼系数的均值。这几项研究覆盖了25个OECD成员国，希腊、日本、韩国等OECD成员国未在样本范围之内。表7-4给出中国与OECD成员国之间可支配收入不平等成因的比较，我们列举了不同资料来源的比较结果，以增加本书结论的稳健性。

表7-4显示，我国人均可支配收入的基尼系数较OECD13高出0.210，即21个百分点，这是我国与OECD成员国在居民收入不平等上的总体差异。其中0.088源于市场因素导致的差异（即我国与OECD成员国在市场收入基尼系数上的差异），占可支配收入基尼系数差异的41.70%，而来自政府收入再分配政策效应的差异为0.123（即我国和OECD成员国在收入再分配效应上的差异），占比为58.30%。从OECD13的数据来看，我国与其人均可支配收入的整体差异为0.192，其中来自市场收入的差异为0.037（占可支配收入基尼系数差异的19.08%），来自政府收入再分配政策的差异为0.156（占可支配收入基尼系数差异的80.92%）。我国的市场基尼系数比OECD22高出0.163，其中31.66%来自市场因素上的差异，68.34%来自政府再分配政策上的差异。这些对比结果均说明，在居民收入不平等上，我国远远高出OECD成员国的主要原因是，我国收入再分配政策（尤其是转移支付）调节力度不足，而市场因素是次要的。

表7-4 中国与OECD成员国可支配收入不平等比较

比较对象	可支配收入基尼系数之差	来自市场收入 绝对值	来自市场收入 占比（%）	来自再分配政策 绝对值	来自再分配政策 占比（%）
中国与OECD13	0.210	0.088	41.70	0.123	58.30

续 表

比较对象	可支配收入基尼系数之差	来自市场收入 绝对值	来自市场收入 占比(%)	来自再分配政策 绝对值	来自再分配政策 占比(%)
中国与OECD16	0.192	0.037	19.08	0.156	80.92
中国与OECD22	0.163	0.052	31.66	0.112	68.34

资料来源：OECD13 数据来自 Mahler 和 Jesuit（2006）；OECD16 数据来自 Kristjánsson（2011）；OECD22 数据来自 Milanovic（1999）。

以下通过比较我国与 OECD 成员国的可支配收入基尼系数和市场收入基尼系数来进一步考察我国政府收入再分配政策的强弱，表 7-5 给出了比较结果。

表 7-5 中国与 OECD 成员国收入再分配政策效应比较

	中国	OECD13	OECD16	OECD22
可支配收入	0.481	0.271	0.289	0.318
市场收入	0.520	0.432	0.483	0.468
收入再分配效应				
总效应	-0.038	-0.160	-0.193	-0.150
其中：转移性支付	0.029	0.121	0.156	0.119
个人所得税	0.009	0.039	0.038	0.031
相对效应（%）				
总效应	100	100	100	100
其中：转移性支付	76.30	75.63	80.83	79.33
个人所得税	23.70	24.38	19.69	20.67

资料来源：OECD13 数据来自 Mahler 和 Jesuit（2006）；OECD16 数据来自 Kristjánsson（2011）；OECD22 数据来自 Milanovic（1999）。

表 7-5 显示，在收入再分配政策效应中转移性支付和个人所得税的占比，我国为 76.30% 和 23.70%，而 OECD13 为 75.63% 和 24.38%，OECD16 为 80.83% 和 19.69%。OECD22 的转移性支付和个人所得税在降低市场基尼系数中的贡献分别为 79.33% 和 20.67%。这些数据都说明，在

转移性支付效应远远强于个人所得税这一点上,我国和 OECD 成员国大体相同;不同的是,我国个人所得税的收入再分配效应强于 OECD 成员国的相应水平。表 7-4、表 7-5 说明我国可支配收入基尼系数高于 OECD 成员国的主要原因在于收入再分配政策力度不足,而非市场因素。我国转移性支付政策的收入再分配效应相对 OECD 国家而言较低。

为了突出在市场决定的收入差距上我国与 OECD 成员国差距不大,但在政府收入再分配政策力度上我国显著不足这一点,详见表 7-6。

表 7-6 2007 年主要 OECD 成员国不同收入的基尼系数

国家	基尼系数 市场收入 (1)	基尼系数 可支配收入 (2)	收入再分配政策效应 总效应 (3)=(1)-(2)	收入再分配政策效应 转移性支付 (4)	收入再分配政策效应 个人所得税 (5)	相对效应(%) 转移性支付 (6)=(4)/(3)×100	相对效应(%) 个人所得税 (7)=(5)/(3)×100
芬兰	0.492	0.267	0.225	0.181	0.044	80.37	19.63
奥地利	0.488	0.267	0.221	0.181	0.040	81.73	18.27
瑞典	0.459	0.239	0.219	0.185	0.035	84.18	15.82
比利时	0.486	0.267	0.219	0.170	0.049	77.61	22.39
法国	0.485	0.266	0.219	0.190	0.030	86.46	13.54
德国	0.524	0.310	0.214	0.184	0.030	85.89	14.11
丹麦	0.472	0.262	0.210	0.176	0.034	83.83	16.17
荷兰	0.488	0.280	0.208	0.159	0.049	76.45	23.55
挪威	0.450	0.250	0.201	0.166	0.035	82.54	17.46
爱尔兰	0.514	0.317	0.197	0.148	0.050	74.84	25.16
卢森堡	0.464	0.275	0.190	0.152	0.038	79.98	20.02
英国	0.513	0.332	0.181	0.138	0.043	76.09	23.91
意大利	0.503	0.325	0.177	0.139	0.039	78.30	21.70
葡萄牙	0.537	0.370	0.168	0.122	0.046	72.85	27.15
西班牙	0.458	0.314	0.144	0.122	0.022	84.81	15.19

续表

国家	基尼系数		收入再分配政策效应			相对效应（%）	
	市场收入	可支配收入	总效应	转移性支付	个人所得税	转移性支付	个人所得税
	(1)	(2)	(3)=(1)-(2)	(4)	(5)	(6)=(4)/(3)×100	(7)=(5)/(3)×100
冰岛	0.393	0.291	0.102	0.081	0.021	79.73	20.27
平均值	0.483	0.290	0.193	0.156	0.038	80.50	19.50
中国	0.511	0.469	0.042	0.028	0.013	67.80	32.20

资料来源：Kristjánsson（2011）。

注：由于篇幅的限制，表7-6没有给出人均总收入的基尼系数；表7-6中的国家按收入再分配政策总效应由高到低进行了排序。

表7-6展示了2007年16个OECD成员国的市场收入基尼系数与可支配收入基尼系数。其中许多国家的市场收入基尼系数并不低，甚至超过0.5（如葡萄牙为0.537、德国为0.524、英国为0.513等），与我国2007年的基尼系数具有可比性。表7-6显示，OECD16基尼系数的平均值，人均市场收入为0.483，人均可支配收入为0.290。可支配收入基尼系数较市场收入基尼系数低0.193，这是政府转移性支付和个人所得税两个政策工具总的收入再分配效应，其中来自转移性支付的再分配效应为0.156，个人所得税的再分配效应为0.038，二者占比分别为80.50%和19.50%。这说明，转移性支付的收入再分配效应明显强于个人所得税和社会保障缴费。在收入再分配政策的效应大小上，各国有明显的差异。从基尼系数下降的绝对数来看，芬兰最大，与市场收入基尼系数（0.492）相比，可支配收入基尼系数（0.267）下降了0.225，下降幅度约为45.7%。从基尼系数下降的相对幅度来看，瑞典高于芬兰，与市场收入基尼系数相比，可支配收入基尼系数约下降了47.9%。比较我国与OECD成员国的市场收入和可支配收入基尼系数可知，在市场收入基尼系数上，我国和其他国家大致相同，但在可支配收入基尼系数上，我国显著高于其他国家。由此可见，在以可支配收入基尼系数衡量的居民收入不平等上，我国明显高于OECD

成员国的主要原因在于我国收入再分配政策的调节力度不够,而不是市场因素。

在政府收入再分配政策效应上,我国与OECD成员国之间的主要区别在于,我国的政策效果非常弱,而OECD成员国的调节力度非常强。但是,二者之间也有共同之处。在转移性支付和个人所得税两项政策工具的收入再分配效应强弱上,前者显著强于后者。这一点在其他文献中也得到了印证,如Wolff(2007)、Kinam和Lambert(2008)分别通过对美国1989年和2000年、2004年的数据研究发现,美国的再分配政策效应中转移性支付明显强于个人所得税。英国国家统计局公布的统计报告显示,2007年英国的市场基尼系数为0.516,可支配收入基尼系数为0.342,再分配政策使市场基尼系数下降了0.174,其中转移性支付的贡献为79.9%,个人所得税的贡献为20.1%。

我国与OECD成员国之间的再分配政策效应对比结果在某种程度上是可以预料的。OECD成员国为发达国家,其社会保障制度和其他收入再分配政策比较完善,因此政府政策对居民收入分配的调节力度较强,经过政府干预之后的居民收入不平等程度也会明显低于我国。那么,与经济发展水平大致相同的其他发展中国家相比,我国居民收入分配差距以及政府收入再分配政策又有哪些不同呢?许多研究认为,拉丁美洲国家的基尼系数普遍高于亚洲国家。例如,在20世纪末期拉丁美洲国家的基尼系数为0.522,高于亚洲国家的0.412(Bird和Zolt,2004);2005年左右,拉丁美洲国家的基尼系数达到了0.53,不平等程度比东亚国家高出36%(Ferreira和Ravallion,2008)。为进一步发现我国与拉美国家在收入再分配政策效应上的差异,我们找到了部分拉美国家的数据,结果显示在表7-7中。

表7-7 拉美国家不同收入的基尼系数

国家	市场收入	净市场收入	可支配收入	可支配收入-市场收入
阿根廷(城镇)(2009年)	0.479	0.480	0.431	−0.048
玻利维亚(2007年)	0.550	0.550	0.537	−0.013

续 表

国家	市场收入	净市场收入	可支配收入	可支配收入-市场收入
巴西（2008—2009年）	0.572	0.560	0.546	-0.026
墨西哥（2008年）	0.511	0.502	0.493	-0.018
秘鲁（2009年）	0.504	0.495	0.492	-0.012

资料来源：Lustig（2011）。

注：表7-7中的收入为人均值。净市场收入等于市场收入减去个人所得税和社会保障缴费；可支配收入等于净市场收入加上来自政府的转移性收入。

表7-7中的收入定义与本书之前采用的标准略有不同，差异出现在从市场收入得到可支配收入的顺序上。表7-7中的净市场收入等于市场收入减去个人所得税和社会保障缴费，由此进一步加上来自政府的转移性收入，则得到可支配收入。与此不同，之前列举文献中的收入定义为：首先由市场收入加上来自政府的转移性收入得到总收入，从总收入中扣除个人所得税和社会保障缴费，则得到可支配收入。由此可见，两种收入定义的区别在于转移性支付和个人所得税的加减顺序。随着加减顺序的变化，衡量转移支付和个人所得税的收入再分配效应的办法也发生了变化。净市场收入基尼系数与市场收入基尼系数之差为个人所得税和社会保障缴费收入再分配效应的衡量指标，可支配收入基尼系数减去净市场收入的基尼系数则反映了政府转移支付收入再分配效果的大小。

把上述我国居民收入基尼系数估计值与表7-7中的拉美国家比较可知，在市场收入基尼系数上，除了阿根廷之外，其余四国与我国2007年的数值大致相同或略高于我国，但在可支配收入基尼系数上，我国略低于这里的四个国家。[①] 这表明，在政府的收入再分配效应上，我国较拉美国家更强一些。把我国的城镇数据与阿根廷的城镇数据相比，也可以明显看出我国政府收入再分配效应更强一些。另外，在转移性支付和个人所得税的收入再分配效应相对强度上，此处的拉美国家也显示出转移性支付强于个

---

① 考虑到我国城镇以及全国基尼系数低估的偏差，在以基尼系数衡量的收入不平等上，我国与拉美国家或许没有太大差异。

人所得税的现象。这一点与我国和 OECD 成员国的情况相似。

综合以上国际比较可知，我国由人均可支配收入基尼系数体现的居民收入不平等程度显著高于 OECD 成员国的平均值。这主要是由我国政府收入再分配政策力度不足导致的，而市场因素是次要的。我国居民收入不平等程度略低于拉美国家，这说明与部分拉美国家相比，我国政府再分配政策对居民收入不平等的调节力度更强一些。

7.4 结论和预测：财政政策的调整与我国居民收入不平等改善的希望

市场因素和政府的收入再分配政策是决定一国居民收入不平等的重要因素。通过与 OECD 成员国比较可知，在由市场因素决定的居民收入差距上，我国略高于 OECD 成员国，但相差不大。我国可支配收入不平等程度显著高于 OECD 成员国。其主要原因在于，我国政府收入再分配政策的调节力度较发达国家而言不足。

本书的政策含义十分明显：加强政府收入再分配政策的调节作用，即增加财政政策对低收入人口的转移性支付并提高个人所得税平均税率是改善我国目前居民收入高度不平等状况的最主要或唯一手段。期待市场因素（如库兹涅茨曲线转折点的到来等）显著缩小我国居民收入差距是不现实的。

第8章 主要结论

本书基于中国家庭收入调查项目五轮住户调查数据，利用不平等指数及其变化的分解方法，从人口结构（城乡、地区、教育水平、年龄结构）和收入结构（尤其是转移性收入）两个角度考察了我国1988—2013年居民收入不平等的变化与原因，得出了以下主要发现：

考察我国1988—2013年居民收入水平及收入不平等的整体状况和变化趋势，我们发现，25年间我国居民人均可支配收入实现了显著增长，且高收入人群收入的增长幅度明显高于低收入人群，收入越高的人群，其收入的增长幅度也越大。1988—2007年，我国人均可支配收入差距呈扩大趋势，但2007—2013年，收入不平等指标出现了下降。这种收入不平等先上升后下降的趋势与国家统计局公布的收入分配变化信息一致。从农村、城镇居民的人均可支配收入水平及收入不平等指数的计算结果来看，城镇居民的收入水平明显高于农村居民，流动人口收入介于二者之间。25年间城镇、农村居民人均可支配收入均实现了较大幅度的增长，但城镇居民的收入增长速度快于农村居民。1988—2013年，我国城镇、农村内部的收入差距呈不断扩大的趋势，城乡收入差距以2007年为界出现了先扩大后缩小的现象。流动人口收入高于农村居民收入，因此加入农民工数据后，城乡收入差距变大。考察三大地区（东部、中部、西部）居民的人均可支配收入水平及收入不平等指数，我们发现，东部地区居民的收入水平最高，中部、西部地区次之，且25年间东、中、西部人均可支配收入均实现了较大幅度的增长。以2007年为界，我国地区之间的收入差距由扩大转为缩小。1988—2007年，中、西部地区内部的收入差距一直呈不断扩大的状态。2007—2013年，东、中、西部地区的收入不平等都出现了下降。

将全国居民收入不平等及其变化按城乡分解我们发现，1988—2007年，全国整体不平等程度的加深主要是由城乡之间的收入不平等扩大造成的，而2007—2013年城乡收入差距开始缩小，且缩小程度高于城乡内部收入差距的扩大程度，从而导致了2007—2013年全国整体收入不平问题的缓解。城乡之间的人口迁移对城乡收入差距变动的作用方向是先扩大后缩小的，这一点符合库兹涅茨假说中的解释。但 2007—2013 年全国不平等程度下降的主要原因并不是人口迁移，而是除人口迁移因素的城乡之间收入差距的缩小。这意味着，全国收入分配状况的改善原因在于农村居民收入的增加、城乡收入比的下降。可见，库兹涅茨假说可以解释我国长期收入不平等变化的部分原因，此外，我国居民收入差距的变化还有其特殊原因。

与按城乡分组的分解结果相似，1988—2013 年我国地区之间的收入差距也以 2007 年为转折点呈现先扩大后降低的趋势。地区内部的收入不平等程度也表现出从 1988—2007 年逐渐加深、2007—2013 年逐步缓和的趋势。单一年份全国居民收入不平等的主要贡献来源是三大地区内部的收入不平等，而非地区之间的收入不平等。考察各年份之间收入不平等变化的地区原因，我们发现，2007—2013 年地区内部收入差距的缩小是全国整体收入分配状况改善的主要原因。地区之间的人口迁移对全国整体收入不平等变化的作用并不大。

考察各年龄组人群的平均收入和组内不平等程度，我们发现，收入水平随着年龄的增长而升高，达到 50~59 岁的"巅峰"时期后开始下降。我国各年龄组内部的收入不平等程度明显高于年龄组之间的收入不平等程度。单一年份全国居民收入不平等的主要来源是各年龄组内部的收入不平等，而非各年龄段人群之间的收入不平等。2007—2013 年，各年龄组内部收入差距的缩小是全国整体收入不平等程度降低的主要原因。按教育程度分组的分解结果显示，人们的收入水平随着受教育程度的升高而不断升高。单一年份全国居民收入不平等的主要来源是各教育水平人群内部的收入不平等。2007—2013 年，我国各教育水平组内部的收入差距出现了比较明显的降低趋势，并导致全国整体收入不平等指数的降低。各教育水平组内部收入差距的缩小是全国整体收入不平等程度降低的主要原因。

考察收入来源的再分配效应，我们发现，工资性收入为我国居民总收入不平等的最大贡献者，但其在加剧居民收入不平等方面的作用在逐渐减弱，这一点可能是我国居民收入基尼系数下降的原因之一。在四项收入来源中，分配最不平等的当属财产性收入，但由于财产净收入在总收入中所占比重较低，其对基尼系数的贡献度和边际效应远低于工资性收入。相比于2002年和2007年，2013年转移性收入份额有所上升，而集中率出现下降，甚至低于总收入基尼系数，这说明，伴随着转移性收入份额的增加，其从总收入差距的扩大项转变为缩小项。转移性收入再分配效应的增强是居民收入不平等程度降低的重要原因。

从全国来看，2002—2013年，政府转移性收入的集中率出现了不断缩小的趋势，但依然高于全国居民总收入的基尼系数，这意味着，退休金等政府转移性支出政策具有恶化居民收入分配的作用，尽管这种作用在逐渐减弱。政府的转移性收入规模明显高于非政府转移性收入，这导致其对基尼系数的贡献率高于非政府转移性收入。2002年和2007年农村的社会保障制度尚未普及，农村居民的转移性收入大多来自非政府，政府转移性收入的规模较小。2013年，农村居民政府转移性收入规模加大，且有改善农村内部收入不平等的作用。2002—2013年，城镇居民转移性收入一直是城镇内部收入差距的缩小项。转移性收入在城镇居民总收入中所占份额也高于农村居民的相应比例，二者共同导致了城镇居民转移性收入具有改善城镇内部收入不平等的作用，且其对基尼系数的贡献率高于农村居民。在城镇，来自政府的转移性收入份额大于来自非政府的部分，导致转移性收入对城镇居民收入不平等的改善作用主要来自政府转移性收入。

考察不同转移性收入对收入差距的影响，我们发现，养老金或离退休金是总收入不平等的最大贡献者，其对收入差距起到了很强的扩大作用。退休金投入规模的扩大将使我国居民的收入分配面临更加严重的不平等。在各项转移性收入中，对收入分配起较强均等化作用的是最低生活保障收入。但低保收入在总收入中份额非常低，这削弱了其对收入分配的改善作用。此外，退耕还林补贴、粮食直接补贴也具有较为明显的收入分配均等化作用，但由于二者在总收入中占比较低，它们对基尼系数的影响并不明显。2002—2007年，我国居民收入不平等程度扩大的最大贡献者是工资性收入份额的上升。在转移性收入中，养老金是扩大收入不平等的主要来源。2007—2013年，我国居民收入分配改善的最主要原因是工资性收入集中率和收入份额的双重下降。在此期间，财产性收入因其集中率和收入份额的提高而起到了扩大收入差距的作用。2007—2013年，养老金的集中率有所下降，但收入份额继续上升，其仍然是使基尼系数扩大的收入来源。

研究发现，如果使用 MT 指数的计算结果，我国的社会保障支出具有改善居民收入分配的作用。此外，按照收入构成分解基尼系数的方法进行研究，社会保障支出的集中率为 0.5265，明显高于社会保障支出转入后的总收入（可支配收入）基尼系数，因此社会保障支出是收入差距的扩大项。这两种结论看似矛盾，但其实是由判断再分配效应的参照标准不同造成的，二者并不矛盾。

市场因素和政府的收入再分配政策是决定一国居民收入不平等的重要因素。在由市场因素决定的居民收入差距上，我国与发达国家相差不大。我国收入不平等现象比发达国家明显主要是由我国政府收入再分配政策的调节力度不足造成的。寄希望于市场力量改善我国收入不平等状况将很难取得明显效果。通过增加对低收入群体的转移性支出并提高个人所得税平均税率等财税政策才是解决我国收入分配不平等问题的关键所在。2015年，国家统计局公布了我国 2003—2014 年全国居民可支配收入基尼系数。值得注意的是，从 2009 年开始，我国居民收入差距发生了连续六年（截至 2014 年）的降低。如果导致收入差距缩小的原因是近些年政府社会保障投入的不断增加和社会保障政策的不断完善，那么我国在改善居民收入分配状况的道路上终于迈出了一大步。社会保障力度的加大和政策瞄准精确度的提高将为改善我国收入不平等状况提供重要助力。

虽然社保投入的增加有利于收入差距的缩小，但这种做法的实行并非易事。社会保障等民生性支出刚性较强，其规模一旦增大便很难在短时间内缩减，因此有人认为，我国财政将面临社会保障投入增加的巨大压力，这种状况甚至可能影响我国经济的发展。虽然这种预测在多大程度上是合理的还有待于进一步考证，但完善社会保障制度和加强对低收入人群的帮扶力度将改善我国的收入分配状况、增强社会公正性，同时纠正以投资为主的财政支出模式、推动我国经济增长方式的转型升级。

附录

附表1 2002年城乡加地区加省份权重

单位：万人

省份	城乡	地区	CHIP样本	权重一	权重二	权重三
北京	1	1	*	1 841	1 605	1 586
北京	2	1	*	343	343	343
北京	3	1	*	283	527	548
天津	1	1		1 339	1 269	1 264
天津	2	1		311	311	311
天津	3	1		103	193	200
河北	1	1		3 166	2 857	2 832
河北	2	1	*	5 530	5 530	5 530
河北	3	1		390	726	754
山西	1	2	*	1 920	1 770	1 757
山西	2	2	*	2 247	2 247	2 247
山西	3	2	*	178	332	345
内蒙古自治区	1	3		1 836	1 634	1 617
内蒙古自治区	2	3		1 468	1 468	1 468
内蒙古自治区	3	3		240	446	464
辽宁	1	1	*	4 408	4 247	4 235
辽宁	2	1	*	2 123	2 123	2 123
辽宁	3	1	*	272	507	527
吉林	1	2		2 340	2 257	2 250
吉林	2	2	*	1 441	1 441	1 441

续 表

省份	城乡	地区	CHIP样本	权重一	权重二	权重三
吉林	3	2		114	213	221
黑龙江	1	2		3 265	3 133	3 122
黑龙江	2	2		1 877	1 877	1 877
黑龙江	3	2		177	329	341
上海	1	1		2 533	2 206	2 178
上海	2	1		216	216	216
上海	3	1		393	731	760
江苏	1	1	*	5 564	5 021	4 976
江苏	2	1	*	4 748	4 748	4 748
江苏	3	1	*	685	1 276	1 326
浙江	1	1		3 655	2 920	2 857
浙江	2	1	*	2 653	2 653	2 653
浙江	3	1		832	1 549	1 609
安徽	1	2	*	2 603	2 354	2 333
安徽	2	2	*	4 617	4 617	4 617
安徽	3	2	*	287	535	556
福建	1	1		2 400	1 985	1 950
福建	2	1		2 228	2 228	2 228
福建	3	1		478	890	925
江西	1	2		1 838	1 654	1 638
江西	2	2	*	3 120	3 120	3 120
江西	3	2		212	394	409
山东	1	1		6 257	5 714	5 670
山东	2	1	*	6 265	6 265	6 265
山东	3	1		702	1 308	1 359
河南	1	2	*	3 502	3 139	3 108
河南	2	2	*	7 460	7 460	7 460
河南	3	2	*	415	773	803

续表

省份	城乡	地区	CHIP样本	权重一	权重二	权重三
湖北	1	2	*	4 024	3 687	3 658
湖北	2	2	*	3 783	3 783	3 783
湖北	3	2	*	396	737	766
湖南	1	2		2 856	2 568	2 544
湖南	2	2	*	4 900	4 900	4 900
湖南	3	2		331	616	640
广东	1	1	*	7 101	4 951	4 766
广东	2	1	*	4 254	4 254	4 254
广东	3	1	*	2 344	4 364	4 535
广西壮族自治区	1	3		2 254	1 983	1 960
广西壮族自治区	2	3	*	3 462	3 462	3 462
广西壮族自治区	3	3		319	593	617
海南	1	1		556	504	499
海南	2	1		504	504	504
海南	3	1		66	123	128
重庆	1	3	*	1 869	1 670	1 653
重庆	2	3	*	2 244	2 244	2 244
重庆	3	3	*	237	441	459
四川	1	3	*	4 042	3 526	3 482
四川	2	3	*	6 599	6 599	6 599
四川	3	3	*	603	1 123	1 167
贵州	1	3		1 524	1 321	1 304
贵州	2	3	*	2 945	2 945	2 945
贵州	3	3		235	438	455
云南	1	3	*	1 659	1 311	1 282

续 表

省份	城乡	地区	CHIP样本	权重一	权重二	权重三
云南	2	3	*	3 568	3 568	3 568
云南	3	3	*	392	730	759
西藏自治区	1	3		92	80	79
西藏自治区	2	3		232	232	232
西藏自治区	3	3		14	26	27
陕西	1	3		2 155	1 976	1 961
陕西	2	3	*	2 638	2 638	2 638
陕西	3	3		220	409	425
甘肃	1	3	*	1 093	956	944
甘肃	2	3	*	2 100	2 100	2 100
甘肃	3	3	*	161	299	311
青海	1	3		285	251	248
青海	2	3		358	358	358
青海	3	3		40	75	78
宁夏回族自治区	1	3		314	265	261
宁夏回族自治区	2	3		408	408	408
宁夏回族自治区	3	3		56	104	108
新疆维吾尔自治区	1	3		1 100	926	912
新疆维吾尔自治区	2	3	*	1 342	1 342	1 342
新疆维吾尔自治区	3	3		199	371	385
全国				176 750	176 750	176 750

注：城乡=1、2、3分别代表城镇人口、农村人口、流动人口。地区=1、2、3分别代表东部地区、中部地区、西部地区。*表示CHIP样本涉及的省份。

附表2 2007年城乡加地区加省份权重

单位：万人

省份	城乡	地区	CHIP样本	权重一	权重二	权重三
北京	1	1	*	1 149	917	823
北京	2	1	*	253	253	253
北京	3	1		231	463	557
天津	1	1		755	658	619
天津	2	1		264	264	264
天津	3	1		96	193	232
河北	1	1		2 621	2 446	2 375
河北	2	1	*	4 148	4 148	4 148
河北	3	1		174	349	420
山西	1	2	*	1 383	1 271	1 226
山西	2	2	*	1 899	1 899	1 899
山西	3	2		111	223	268
内蒙古自治区	1	3		998	790	705
内蒙古自治区	2	3		1 199	1 199	1 199
内蒙古自治区	3	3		208	416	501
辽宁	1	1	*	2 346	2 147	2 066
辽宁	2	1	*	1 754	1 754	1 754
辽宁	3	1		198	397	478
吉林	1	2		1 366	1 280	1 245
吉林	2	2		1 279	1 279	1 279
吉林	3	2		85	171	206
黑龙江	1	2		1 910	1 758	1 696
黑龙江	2	2		1 763	1 763	1 763
黑龙江	3	2		151	303	365

续 表

省份	城乡	地区	CHIP样本	权重一	权重二	权重三
上海	1	1	*	1301	954	812
上海	2	1		210	210	210
上海	3	1	*	347	694	836
江苏	1	1	*	3 494	2 930	2 699
江苏	2	1	*	3 569	3 569	3 569
江苏	3	1	*	563	1 127	1 358
浙江	1	1	*	2 224	1 554	1 280
浙江	2	1	*	2 166	2 166	2 166
浙江	3	1	*	670	1 340	1 614
安徽	1	2	*	2 196	2 023	1 952
安徽	2	2	*	3 750	3 750	3 750
安徽	3	2	*	172	345	416
福建	1	1	*	1 296	848	665
福建	2	1	*	1 837	1 837	1 837
福建	3	1		448	896	1 079
江西	1	2		1 623	1 508	1 461
江西	2	2		2 630	2 630	2 630
江西	3	2		115	230	277
山东	1	1		4 020	3 660	3 513
山东	2	1		4 988	4 988	4 988
山东	3	1		359	719	866
河南	1	2	*	3 079	2 944	2 888
河南	2	2	*	6 146	6 146	6 146
河南	3	2	*	135	270	326
湖北	1	2	*	2 309	2 093	2 005
湖北	2	2	*	3 174	3 174	3 174
湖北	3	2	*	216	432	520
湖南	1	2	*	2 349	2 127	2 037

续 表

省份	城乡	地区	CHIP样本	权重一	权重二	权重三
湖南	2	2	*	3 784	3 784	3 784
湖南	3	2		222	444	534
广东	1	1	*	4 273	2 577	1 883
广东	2	1	*	3 483	3 483	3 483
广东	3	1	*	1 693	3 389	4 083
广西壮族自治区	1	3		1 576	1 425	1 362
广西壮族自治区	2	3		3 040	3 040	3 040
广西壮族自治区	3	3		152	303	366
海南	1	1		347	294	273
海南	2	1		446	446	446
海南	3	1		52	105	126
重庆	1	3	*	1 259	1 157	1 116
重庆	2	3	*	1 455	1 455	1 455
重庆	3	3	*	102	204	245
四川	1	3	*	2 661	2 430	2 335
四川	2	3	*	5 234	5 234	5 234
四川	3	3	*	232	463	558
贵州	1	3		947	832	785
贵州	2	3		2 700	2 700	2 700
贵州	3	3		115	230	277
云南	1	3	*	1 253	1 080	1 009
云南	2	3	*	3 088	3 088	3 088
云南	3	3		173	346	417
西藏自治区	1	3		74	68	65
西藏自治区	2	3		204	204	204

续 表

省份	城乡	地区	CHIP样本	权重一	权重二	权重三
西藏自治区	3	3		6	12	15
陕西	1	3		1 408	1 293	1 246
陕西	2	3		2 226	2 226	2 226
陕西	3	3		114	229	276
甘肃	1	3	*	772	717	695
甘肃	2	3	*	1 790	1 790	1 790
甘肃	3	3		55	110	132
青海	1	3		198	174	165
青海	2	3		331	331	331
青海	3	3		23	47	56
宁夏回族自治区	1	3		244	219	209
宁夏回族自治区	2	3		341	341	341
宁夏回族自治区	3	3		25	50	60
新疆维吾尔自治区	1	3		740	661	628
新疆维吾尔自治区	2	3		1 275	1 275	1 275
新疆维吾尔自治区	3	3		80	159	192
全国人口				129 920	129 920	129 920

注：城乡＝1、2、3分别代表城镇人口、农村人口、流动人口。地区＝1、2、3分别代表东部地区、中部地区、西部地区。＊表示CHIP样本涉及的省份。《中国统计年鉴2008》公布的2007年全国总人口数为132129万人，包括现役军人数，并且根据2007年人口变动情况对抽样误差和调查误差进行了修正。而《中国统计年鉴》公布的分地区城乡人口数不包括现役军人数，也没有根据抽样误差和调查误差进行修正。本表中的全国合计人口数为分省人数的加总，故与《中国统计年鉴》中的全国总人口数存在差异。

附表3 2013年城乡加地区加省份权重

单位：万人

省份	城乡	地区	CHIP样本	权重一	权重二	权重三
北京	1	1	*	1 383	1 242	1 032
北京	2	1	*	290	290	290
北京	3	1	*	442	583	793
天津	1	1		1042	990	912
天津	2	1		265	265	265
天津	3	1		165	217	295
河北	1	1		3 136	3 012	2 826
河北	2	1		3 804	3 804	3 804
河北	3	1		392	516	702
辽宁	1	1	*	2 605	2 505	2 357
辽宁	2	1	*	1 473	1 473	1 473
辽宁	3	1	*	312	412	560
上海	1	1		1 466	1 244	913
上海	2	1		251	251	251
上海	3	1		698	920	1251
江苏	1	1	*	4 181	3 891	3 460
江苏	2	1	*	2 849	2 849	2 849
江苏	3	1	*	909	1 199	1 630
浙江	1	1		2 196	1 775	1 148
浙江	2	1		1 979	1 979	1 979
浙江	3	1		1 323	1 744	2 371
福建	1	1		1 589	1 365	1 031
福建	2	1		1 481	1 481	1 481
福建	3	1		704	928	1 262
山东	1	1	*	4 586	4 380	4 073
山东	2	1	*	4 502	4 502	4 502
山东	3	1	*	646	852	1 159

续 表

省份	城乡	地区	CHIP样本	权重一	权重二	权重三
广东	1	1	*	4 571	3 729	2 476
广东	2	1	*	3 432	3 432	3 432
广东	3	1	*	2 641	3 483	4 736
海南	1	1		387	360	320
海南	2	1		423	423	423
海南	3	1		85	112	152
山西	1	2	*	1 594	1 494	1 345
山西	2	2	*	1 722	1 722	1 722
山西	3	2	*	314	414	563
吉林	1	2		1 366	1 327	1 268
吉林	2	2		1 260	1 260	1 260
吉林	3	2		125	164	223
黑龙江	1	2		2 011	1 951	1 861
黑龙江	2	2		1 634	1 634	1 634
黑龙江	3	2		190	250	340
安徽	1	2	*	2 541	2 431	2 267
安徽	2	2	*	3 144	3 144	3 144
安徽	3	2	*	345	455	619
江西	1	2		1 944	1 859	1 732
江西	2	2		2 312	2 312	2 312
江西	3	2		266	351	478
河南	1	2	*	3 621	3 460	3 222
河南	2	2	*	5 290	5 290	5 290
河南	3	2	*	502	663	901
湖北	1	2	*	2 780	2 659	2 478
湖北	2	2	*	2 638	2 638	2 638
湖北	3	2	*	381	502	683
湖南	1	2		2 825	2 703	2 521

续 表

省份	城乡	地区	CHIP样本	权重一	权重二	权重三
湖南	2	2	*	3 482	3 482	3 482
湖南	3	2	*	384	506	688
内蒙古自治区	1	3		1 112	999	831
内蒙古自治区	2	3		1 031	1 031	1 031
内蒙古自治区	3	3		354	467	635
广西壮族自治区	1	3		1 786	1 681	1 526
广西壮族自治区	2	3		2 604	2 604	2 604
广西壮族自治区	3	3		329	434	589
重庆	1	3	*	1 466	1 380	1 254
重庆	2	3	*	1 237	1 237	1 237
重庆	3	3	*	267	353	479
四川	1	3	*	3 060	2 876	2 601
四川	2	3	*	4 467	4 467	4 467
四川	3	3	*	580	764	1 039
贵州	1	3		1 075	995	877
贵州	2	3		2 177	2 177	2 177
贵州	3	3		250	330	448
云南	1	3	*	1 605	1 512	1 373
云南	2	3	*	2 789	2 789	2 789
云南	3	3	*	292	385	524
西藏自治区	1	3		60	55	49
西藏自治区	2	3		238	238	238

续表

省份	城乡	地区	CHIP样本	权重一	权重二	权重三
西藏自治区	3	3		14	19	25
陕西	1	3		1 634	1 539	1 399
陕西	2	3		1 833	1 833	1 833
陕西	3	3		297	392	532
甘肃	1	3	*	894	849	782
甘肃	2	3	*	1 546	1 546	1 546
甘肃	3	3	*	142	187	254
青海	1	3		222	203	176
青海	2	3		298	298	298
青海	3	3		58	77	104
宁夏回族自治区	1	3		271	249	217
宁夏回族自治区	2	3		314	314	314
宁夏回族自治区	3	3		69	91	123
新疆维吾尔自治区	1	3	*	817	756	666
新疆维吾尔自治区	2	3	*	1 257	1 257	1 257
新疆维吾尔自治区	3	3	*	190	251	341
全国人口			135 514	135 514	135 514	

注：城乡=1、2、3分别代表城镇人口、农村人口、流动人口。地区=1、2、3分别代表东部地区、中部地区、西部地区。*表示CHIP样本涉及的省份。《中国统计年鉴2014》公布的2013年全国总人口数为136072万人，包括现役军人数，并且根据2013年人口变动情况对抽样误差和调查误差进行了修正。而《中国统计年鉴》公布的分地区城乡人口数不包括现役军人数，也没有根据抽样误差和调查误差进行修正。本表中的全国合计人口数为分省人数的加总，故与《中国统计年鉴》中的全国总人口数存在差异。

附表4 2013年人均可支配收入绝对数以及城乡收入比

单位：元

城乡加地区权重	使用NBS省内权重			未使用NBS省内权重			NBS
	权重一	权重二	权重三	权重一	权重二	权重三	
全国	18 845	18 518	18 033	19 314	19 015	18 571	18 311
农村	9 493	9 493	9 493	9 847	9 847	9 847	8 896
城镇（不包括流动人口）	28 321	28 192	27 959	28 694	28 551	28 293	—
流动人口	19 802	19 802	19 802	21 215	21 215	21 215	—
城镇（包括流动人口）	26 737	26 135	25 240	27 303	26 753	25 933	26 955
城乡收入比（不包括流动人口）	2.98	2.97	2.95	2.91	2.9	2.87	—
城乡收入比（包括流动人口）	2.82	2.75	2.66	2.77	2.72	2.63	3.03
城乡加地区加省份权重	权重一	权重二	权重三	权重一	权重二	权重三	NBS
全国	18 700	18 397	17 946	18 798	18 542	18 161	18 311
农村	9 503	9 503	9 503	9 872	9 872	9 872	8 896
城镇（不包括流动人口）	27 903	27 771	27 533	27 519	27 394	27 168	—
流动人口	20 149	20 149	20 149	21 132	21 132	21 132	—
城镇（包括流动人口）	26 461	25 902	25 071	26 331	25 858	25 156	26 955
城乡收入比（不包括流动人口）	2.94	2.92	2.9	2.79	2.77	2.75	—
城乡收入比（包括流动人口）	2.78	2.73	2.64	2.67	2.62	2.55	3.03

附表5 2013年人均消费绝对数以及城乡消费比

单位：元

城乡加地区权重	使用NBS省内权重			未使用NBS省内权重			NBS
	权重一	权重二	权重三	权重一	权重二	权重三	
全国	13 463	13 222	12 862	13 685	13 446	13 089	13 220

续表

城乡加地区权重	使用NBS省内权重			未使用NBS省内权重			NBS
	权重一	权重二	权重三	权重一	权重二	权重三	
农村	7 451	7 451	7 451	7 729	7 729	7 729	6 626
城镇（不包括流动人口）	19 718	19 625	19 457	19 863	19 763	19 582	—
流动人口	13 371	13 371	13 371	13 676	13 676	13 676	—
城镇（包括流动人口）	18 538	18 092	17 428	18 712	18 271	17 613	18 023
城乡消费比（不包括流动人口）	2.65	2.63	2.61	2.57	2.56	2.53	—
城乡消费比（包括流动人口）	2.49	2.43	2.34	2.42	2.36	2.28	2.72

城乡加地区加省份权重	权重一	权重二	权重三	权重一	权重二	权重三	NBS
全国	13 307	13 072	12 724	13 291	13 084	12 778	13 220
农村	7 409	7 409	7 409	7 616	7 616	7 616	6 626
城镇（不包括流动人口）	19 345	19 219	18 992	19 025	18 920	18 731	—
流动人口	13 645	13 645	13 645	13 942	13 942	13 942	—
城镇（包括流动人口）	18 285	17 852	17 209	18 079	17 699	17 134	18 023
城乡消费比（不包括流动人口）	2.61	2.59	2.56	2.50	2.48	2.46	—
城乡消费比（包括流动人口）	2.47	2.41	2.32	2.37	2.32	2.25	2.72

附表6　2013年不同权重人口收入基尼系数：全国、农村和城镇

城乡加地区权重	使用NBS省内权重			未使用NBS省内权重		
	权重一	权重二	权重三	权重一	权重二	权重三
全国	0.4528	0.4517	0.4498	0.4502	0.4482	0.4447
农村	0.407	0.407	0.407	0.407	0.407	0.407
城镇（不包括流动人口）	0.3483	0.3479	0.3469	0.355	0.3546	0.3538

续表

城乡加地区权重	使用NBS省内权重			未使用NBS省内权重		
	权重一	权重二	权重三	权重一	权重二	权重三
流动人口	0.3774	0.3774	0.3774	0.3499	0.3499	0.3499
城镇（包括流动人口）	0.3594	0.3619	0.3651	0.3592	0.3596	0.3595
城乡加地区加省份权重	权重一	权重二	权重三	权重一	权重二	权重三
全国	0.4489	0.4476	0.4453	0.4399	0.4376	0.4339
农村	0.4064	0.4064	0.4064	0.4005	0.4005	0.4005
城镇（不包括流动人口）	0.3446	0.3434	0.3412	0.3471	0.3456	0.3428
流动人口	0.3745	0.3745	0.3745	0.3455	0.3455	0.3455
城镇（包括流动人口）	0.3548	0.3566	0.3587	0.3507	0.3502	0.3489

参考文献

中文参考文献：

[1] 蔡萌，岳希明，2016：《我国居民收入不平等的原因——市场因素和政府政策哪个更重要?》，《财经研究》第4期。

[2] 陈共，2000：《财政学》，中国人民大学出版社。

[3] 陈宗胜，1991：《公有经济发展中的收入分配差别理论模型与假说（Ⅰ）：劳动差别——生计剩余模型》，《南开经济研究》第3期。

[4] 陈宗胜，1991：《公有经济发展中的收入分配差别理论模型与假说（Ⅱ）：两部门模型、总模型及倒U理论》，《南开经济研究》第4期。

[5] 陈宗胜，1994：《倒U曲线的"阶梯形"变异》，《经济研究》第5期。

[6] 陈宗胜，文雯，任重，2015：《城镇低保政策的再分配效应——基于中国家庭收入调查的实证分析》，《经济学动态》第3期。

[7] 财政部社会保障司课题组，2007：《社会保障支出水平的国际比较》，《财政研究》第10期。

[8] 丁志国，赵晶，赵宣凯，吕长征，2011：《我国城乡收入差距的库兹涅茨效应识别与农村金融政策应对路径选择》，《金融研究》第7期。

[9] [瑞典]别雍·古斯塔夫森，李实，[加]史泰丽，2008：《中国收入不平等及其地区差异》，载《中国居民收入分配研究Ⅲ》（李实、[加]史泰丽、[瑞典]别雍·古斯塔夫森编），北京师范大学出版社。

[10] 郭凯明，张全升，龚六堂，2011：《公共政策、经济增长与不平等演化》，《经济研究》第2期。

[11] 郭熙保，2002：《从发展经济学观点看待库兹涅茨假说——兼论中国收入不平等扩大的原因》，《管理世界》第3期。

[12] 胡钧，2012：《资本主义资本的积累过程（上）》，《改革与战略》

第 8 期。

[13] 黄祖辉，王敏，万广华，2003：《我国居民收入不平等问题：基于转移性收入角度的分析》，《管理世界》第 3 期。

[14] 蒋洪，马国贤，赵海利，2002：《公共高等教育利益归宿的分布及成因》，《财经研究》第 3 期。

[15] [英] 大卫·李嘉图著，郭大力等译，1962：《政治经济学及赋税原理》，商务印书馆。

[16] 李其庆，2015：《〈21 世纪资本论〉是本什么样的书？——〈21 世纪资本论〉与〈资本论〉若干理论问题的比较研究》，《政治经济学评论》第 1 期。

[17] 李实，李婷，2010：《库兹涅茨假说可以解释中国的收入差距变化吗》，《经济理论与经济管理》第 3 期。

[18] 李实，魏众，[瑞典] 别雍·古斯塔夫森，2000：《中国城镇居民的财产分配》，《经济研究》第 3 期。

[19] 李实，魏众，丁赛，2005：《中国居民财产分布不均等及其原因的经验分析》，《经济研究》第 6 期。

[20] 李实，岳希明，2015：《〈21 世纪资本论〉到底发现了什么》，中国财政经济出版社。

[21] 李实，[日] 佐藤宏，[加] 史泰丽等，2013：《中国收入差距变动分析——中国居民收入分配研究Ⅳ》，人民出版社。

[22] 刘坚，2006：《新阶段扶贫开发的成就与挑战——〈中国农村扶贫开发纲要（2001—2010 年）〉中期评估报告》，中国财政经济出版社。

[23] 鲁品越，2015：《利润率下降规律下的资本高积累——〈资本论〉与〈21 世纪资本论〉的矛盾及其统一》，《财经研究》第 1 期。

[24] 马克思，2004：《资本论（第 2 版）》，人民出版社。

[25] 马双，张劼，朱喜，2012：《最低工资对中国就业和工资水平的影响》，《经济研究》第 5 期。

[26] 聂海峰，岳希明，2012：《间接税归宿对城乡居民收入分配影响研究》，《经济学（季刊）》第 1 期。

[27] 齐昊，2014：《没有马克思的资本论——评托马斯·皮凯蒂〈21

世纪的资本论〉》,《政治经济学评论》第10期。

[28] 钱敏泽,2007:《库兹涅茨倒U字形曲线假说的形成与拓展》,《世界经济》第9期。

[29] 邱海平,2015:《〈21世纪资本论〉评述——兼评皮凯蒂对马克思理论的一个误读》,《山东社会科学》第6期。

[30] 盛来运,2008:《流动还是迁移——中国农村劳动力流动过程的经济学分析》,上海远东出版社。

[31] 托马斯·皮凯蒂,2014:《21世纪资本论》,中信出版社。

[32] 万广华,1998:《中国农村区域间居民收入差异及其变化的实证分析》,《经济研究》第5期。

[33] 王小鲁,樊纲,2005:《中国收入差距的走势和影响因素分析》,《经济研究》第10期。

[34] 王延中,龙玉其,江翠萍,徐强,2016:《中国社会保障收入再分配效应研究——以社会保险为例》,《经济研究》第2期。

[35] 徐建炜,马光荣,李实,2013:《个人所得税改善中国收入分配了吗——基于对1997—2011年微观数据的动态评估》,《中国社会科学》第6期。

[36] 杨瑞龙,2003:《剩余价值的生产、分配与资本积累》,载《马克思主义政治经济学原理》(卫兴华、林岗编),中国人民大学出版社。

[37] 尹恒,龚六堂,邹恒甫,2005:《收入分配不平等与经济增长:回到库兹涅茨假说》,《经济研究》第4期。

[38] 岳希明,2016:《如何解决目前中国的收入分配问题》,《财经智库》第1期。

[39] 岳希明,蔡萌,2015:《垄断行业高收入不合理程度研究》,《中国工业经济》第5期。

[40] 岳希明,李实,[日]史泰丽,2010:《垄断行业高收入问题探讨》,《中国社会科学》第3期。

[41] 岳希明,徐静,2012:《我国个人所得税的居民收入分配效应》,《经济学动态》第6期。

[42] 岳希明,张斌,徐静,2014:《测量我国税制的收入分配效应》,

《中国社会科学》第 6 期。

[43] 张世伟, 贾朋, 2014:《最低工资标准调整的收入分配效应》,《数量经济技术经济研究》第 3 期。

英文参考文献:

[1] Acemoglu, D., and J. A. Robinson, 2015, The Rise and Decline of General Laws of Capitalism, *Journal of Economic Perspectives*, Vol. 29, 3-28.

[2] Ahluwalia, M., 1976, Income Distribution and Development: Some Stylized Facts", *The American Economic Review*, Vol. 66, 128-135.

[3] Anand, S., 1983, Inequality and Poverty in Malaysia, London: Oxford University Press.

[4] Atkinson, A. B., 1970, On the Measurement of Inequality, *Journal of Economic Theory*, Vol. 2, 244-263.

[5] Atkinson, A. B., 1973, More on the Measurement of Inequality, Colchester: University of Essex.

[6] Atkinson, A. B., 1983, The Economics of Inequality (2nd edn.), Oxford: Clarendon Press.

[7] Berry, A., F. Bourguignon, and C. Morrisson, 1981, The Level of World Inequality: How much Can One Say?, *Review of Income and Wealth*, Vol. 29, 217-243.

[8] Berry, A., F. Bourguignon, and C. Morrisson, 1983, Changes in the World Distributions of Income between 1950 and 1977, *Economic Journal*, Vol. 93, 331-350.

[9] Blackorby, C., Donaldson, D., and M. Auersperg, 1981, A New Procedure for the Measurement of Inequality within and between Population Subgroups, *Canadian Journal of Economics*, Vol. 14, 665-685.

[10] Bird R. M., Zolt E. M., 2005, Redistribution via Taxation: the Limited Role of the Personal Income Tax in Developing Countries, *UCLA Law Review*, 52: 1627-1695.

[11] Bonnet, O., P. Bono, G. Chapelle, and E. Wasmer, 2014, Does

Housing Capital Contribute to Inequality? A Comment on Thomas Piketty's Capital in the 21st Century, Sciences Po Discussion Paper.

[12] Bourguignon, F., 1979, Decomposable Income Inequality Measures, *Econometrica*, Vol. 47, 901-920.

[13] Cheng, Yuk-shing, 1996, A Decomposition Analysis of Income Inequality of Chinese rural households, *China Economic Review*, Vol. 7, 93-167.

[14] Chetty, R., N. Hendren, P. Kline, and E. Saez, 2014, Is the United States Still a Land of Opportunity? Recent Trends in Intergenerational Mobility, NBER WorkingPaper No. 19844.

[15] Cowell, F. A., 1980, On the Structure of Additive Inequality Measures, *Review of Economic Studies*, Vol. 47, 521-531.

[16] Cowell, F. A., 1995, Measuring Inequality. Hemel Hempstead: Prentice-H-all/Harvester-Wheatsheaf.

[17] Cowell, F. A., 2000, Measurement of Inequality. In Handbook of Income Distribution Volume 1, eds A. B. Atkinson and F. Bourguignon, Amsterdam: Elsevier Science, 59-85.

[18] Cowell, F. A., and Jenkins, S. P., 1995, How much Inequality Can We Explain? A Methodology and an Application to the United States, *The Economic Journal*, Vol. 105, 421-430.

[19] Cowell, F. A. and Mehta, F., 1983, The Estimation and Interpolation of Inequality Measures, *Review of Economic Studies*, Vol. 49, 273-290.

[20] Dagum, C., 1997, A New Approach to the Decomposition of the Gini Income Inequality Ratio, *Empirical Economics*. Vol. 22, 515-531.

[21] Deutsch, J., and J. Silber, 1997, Gini's Transvariazione' and the Measurement of Distance between Distributions, *Empirical Economics*, Vol. 22, 547-554.

[22] Dinwiddy, R., and D. Reed, 1977, The Effects of Certain Social and Demographic Changes on Income Distribution, Background Paper No. 3 to the Royal Commission on the Distribution of Income and Wealth. London: HMSO.

[23] Fei, J., G. Ranis, and S. W. Y. Kuo, 1979, Growth with Equity: the Taiwan Case, London: Oxford University Press.

[24] Feng J., L. He, and H. Sato, 2011, Public pension and household saving: Evidence from urban China, *Journal of Comparative Economics*, Vol. 39, 470-485.

[25] Fields, G. S., 1984, Employment, Income Distribution and Economic Growth in Seven Small Open Economies, *The Economic Journal*, Vol. 94, 74-83.

[26] Gini, C., 1921, Measurement of Inequality of Incomes, *The Economic Journal*, Vol. 31, 124-126.

[27] Gustafsson, B., and S. Li, 2001, A More Unequal China? Aspects of Inequality in the Distribution of Equivalent Income, in Carl Riskin, Zhao Renwei, and LiShi (Eds.), China's Retreat from Equality: Income Distribution and Economic Transition, New York: M. E. Sharpe.

[28] Ferreira, F. H. G., Ravallion M. 2008. Global Poverty and Inequality: A Review of the Evidence [W]. World Bank Policy Research Working Paper 4623, 2008.

[29] He L., H. Sato, 2013, Income Redistribution in Urban China by Social Security System—An Empirical Analysis Based on Annual and Lifetime Income, *Contemporary Economic Policy*, Vol. 31, 314-331.

[30] Jenkins, S. P., 1991, The measurement of Income Inequality, In L. Osberg (ed.) Economic Inequality and Poverty: International Perspectives, NY: M. E. Sharpe.

[31] Jenkins, S. P., 1995, Accounting for Inequality Trends: Decomposition Analyses for the UK, 1971-86, *Economica*, Vol. 62, 29-63.

[32] Jenkins, S. P., 2006, Estimation and Interpretation of Measures of Inequality, Poverty, and Social Welfare using Stata, Presentation at North American StataUsers' Group Meetings, Boston MA. http://econpapers.repec.org/paper/bocasug06/16.htm.

[33] Khan, A. R., and C. Riskin, 1998, Income Inequality in China:

Composition, Distribution and Growth of Household Income, 1988 to 1995, *China Quarterly*, Vol. 154, 221-253

［34］Kinam K., Lambert P. J., 2009, Redistributive Effect of U. S. Taxes and Public Transfers, 1994-2004, *Public Finance Review January*, 37（1）：3-26.

［35］Kuznets, S., and E. Jenks, 1953, Shares of Upper Income Groups in Income and Savings, http://www.nber.org/chapters/c3060.pdf.

［36］Kristjánsson A. S., 2011, Income Redistribution in Iceland: Development and European Comparisons, *European Journal of Social Security*, （4）：392-423.

［37］Kuznets, S., 1955, Economic Growth and Income Inequality, *The American Economic Review*, Vol. 45, 1-28.

［38］Lerman, R. I., and S. Yitzhaki, 1985, ncome Inequality Effects by Income Source: A new Approach and Applications to the US, *Review of Economics and Statistics*, Vol. 67, 151-156.

［39］Li, S., 2000, Changes in Income Inequality in China Transition, Beijing: Chinese Academy of Social Sciences mimeograph.

［40］Lustig N., 2011, Fiscal Policy and Income Redistribution in Latin America: Challenging the Conventional Wisdom ［W］. ECINEQ WP 2011-227.

［41］Lorenz, M. O., 1905, Methods for Measuring Concentration of Wealth, *Journal of the American Statistical Association*, Vol. 9, 209-219.

［42］Love, R., and M. C. Wolfson, 1976, Income Inequality: Statistical Methodology and Canadian Illustrations, Ottawa: Statistics Canada.

［43］MacLeod, N., and K, Homer, 1980, AnalysingPostwar Changes in Canadian Income Distribution, In Reflections on Canadian Incomes （Economic Council of Canada）, Ottawa: Canadian Government Publishing Centre.

［44］Mahler V A, Jesuit D K., 2006, Fiscal Redistribution in the Developed Countries: New Insights from the Luxembourg Income Study, *Socio-Economic Review*, （4）：483-511.

[45] Mehran, F., 1975, A Statistical Analysis on Income Inequality Based on Decomposition of the Gini index, Proceeding of the 40th Session of ISI.

[46] Meng, X., 2003, Economic Restructing and Income Inequality in Urban China, Australian National University research paper.

[47] Milanovic B. Do More Unequal Countries Redistribute More? Does the Median Voter Hypothesis Hold [W]. World Bank Policy Research Working Paper, No. 2264, 1999.

[48] Mookherjee, D., and A. Shorrocks. 1982, A Decomposition Analysis of the Trend in UK Income Inequality, *The Economic Journa*, Vol. 92, 886-902.

[49] Office for UK National Statistics. The Effects of Taxes and Benefits on Household Income, 2008/09 [R]. National Statistical Bulletin, 2010.

[50] Piketty, T., 2014, Capital in the Twenty-first Century, translated by Arthur Goldhammer, Boston: Harvard University Press.

[51] Piketty, T., 2014, I Don't Care for Marx, www. newrepublic. com/article/117655/thomas - piketty - interview - economist - discusses - his - distaste-marx.

[52] Pyatt, G., 1976, On the Interpretation and Disaggregation of Gini Coefficient, *Economic Journal*, Vol. 86, 243-255.

[53] Rao, V. M., 1969, Two Decompositions of the Concentration Ratio, *Journal of the Royal Statistical Society*, Vol. 132, 418-425.

[54] Rowley, J. C. R., and D. W. Henderson, 1978, Partial Standardisation of Canadian Family Incomes for Changes in Composition and other Characteristics, Paper of Economic Council of Canada.

[55] Sato H., T. Sicular, and X. Yue, 2013, Housing Ownership, Incomes, and Inequality in China, 2002 - 2007, in LI, S., H. Sato, and T. Sicular (ed.), Rising Inequality in China: Challenges to a Harmonious Society, Cambridge: Cambridge University Press.

[56] Semple, M., 1975, The Effects of Changes in Household Composition on the Distribution of Income, 1961-73, *Economic Trends*, Vol. 266, 99-105.

[57] Solow, R. M., 2014, Thomas Piketty Is Right: Everything you Need to Know about 'Capital in the Twenty-First Century', *New Republic*, April 22.

[58] Shorrocks, A. F., 1980, The Class of Additively Decomposable Inequality Measures, *Econometrica*, Vol. 48, 613-625.

[59] Shorrocks, A. F., 1984, Inequality Decomposition by Population Subgroups, *Econometrica*, Vol. 52, 1369-1385.

[60] Shorrocks, A. F., 1988, Aggregation Issues in Inequality Measurement, in W. Eichhorn, ed., Measurement in Economics, Physica Verlag: Heidelberg.

[61] ShorrocksA. F., and G. Wan, 2005, Spatial Decomposition of Inequality, *Journal of Economic Geography*, Vol. 5, 59-81.

[62] Silber, J., 1989, Factor Components, Population Subgroups and the Computation of the Gini Index of Inequality, *The Review of Economics and Statistics*, Vol. 71, 107-115.

[63] Theil, H., 1979a, The Measurement of Inequality by Components of Income, *Economics Letters*, Vol. 2, 197-199.

[64] Theil, H., 1979b, World Income Inequality and Its Components, *Economics Letters*,, Vol. 2, 99-102.

[65] Wolff E., 2007, The Distributional Consequences of Government Spending and Taxation in the U. S., 1989 and 2000, *Review of Income and Wealth*, 53 (4): 692-715.

[66] Wu, X., and J. M. Perloff. 2005, China's Income Distribution, 1985-200, *The Review of Economics and Statistics*, Vol. 87, 763-775.

[67] Yang, D. T., 1999, Urban-Biased Policies and Rising Income Inequality in China, *American Economic Review Papers and Proceedings*, Vol. 89, 306-310.

[68] Yoshida, T., 1977, The Necessary and Sufficient Condition for Additive Separability of Income Inequality Measures, *Economic Studies Quarterly*, Vol. 28, 160-163.